WA-LĀ GĀLIB ILLĀ ALLĀH:
UN PERIÓDICO CEUTÍ DECANO DE LA PRENSA
ÁRABE EN MARRUECOS. ESTUDIO Y EDICIÓN

Belén Mariana Montero

INSTITUTO DE ESTUDIOS CEUTÍES
CEUTA 2024

El contenido de esta publicación procede de la Ayuda concedida por el Instituto de Estudios Ceutíes, perteneciente a la Convocatoria de Ayudas a la Investigación 2014.

Colección *Trabajos de Investigación*

Historia y arqueología

© EDITA: INSTITUTO DE ESTUDIOS CEUTÍES
Apartado de correos 593 • 51080 Ceuta
Tel.: + 34 - 956 51 0017
E-mail: iec@ieceuties.org
www.ieceuties.org

Comité editorial:
Carlos Pérez Marín • José Luis Ruiz García
Adolfo Hernández Lafuente • María José Fernández Maqueira
Guadalupe Romero Sánchez • María Jesús Fuentes García

Jefa de publicaciones:
María Teresa Cuesta Chaparro

Diseño y maquetación:
Enrique Gómez Barceló

Realización e impresión:
Imprenta Olimpia S.C.

ISBN: 978-84-18642-39-5
Depósito Legal: CE 37 - 2023

ÍNDICE

ÍNDICE DE TABLAS

ÍNDICES DE IMÁGENES

INTRODUCCIÓN

La publicación semanal *El Eco de Ceuta, periódico de intereses locales y materiales* (1883), vio la luz en la ciudad de Ceuta de la mano del periodista algecireño Manuel García de la Torre y Contilló. El periódico, cuya principal finalidad consistió en mantener informado al pueblo de los diversos acontecimientos nacionales e internacionales, vio cumplidas y ampliadas sus expectativas cuando se declaró «decano de la prensa árabe de Marruecos». Y todo ello gracias al suplemento bilingüe árabe-español *Wa-lā Gālib illā Allāh*, cuya versión en español reza *¡Solo Dios es Vencedor!*, que acompañó al periódico durante su primer año de vida. Este suplemento, del cual se conservan solo siete números y que representa una fuente preciosa de investigación, llegó a buen puerto gracias al incansable trabajo del intérprete Felipe Rizzo Ramírez —acompañado presuntamente por Antonio Comandari—, artífice de las ediciones manuscritas en árabe.

Son diversos los trabajos e investigaciones que describen el suplemento objeto de nuestro estudio, proporcionándonos además una recreación del marco situacional que acompañó a su nacimiento y desarrollo. De entre todos, destaca la ponencia desarrollada por Gómez Barceló (2013-14) en el *XX Simposio de la Sociedad Española de Estudios Árabes* que tuvo lugar en Ceuta en octubre de 2013, punto de partida inexcusable de este estudio y a cuyo autor queremos hacer expresa aquí nuestra gratitud por su generosa colaboración para la realización de este trabajo[1]. Faltaba, sin embargo, un acercamiento más detenido al contenido y lenguaje del suplemento en árabe de este pionero periódico, *Wa-lā Gālib illā Allāh*, nacido en Ceuta pero con plena vocación marroquí. Las páginas que siguen son un humilde intento de remediar esa carencia.

Dos son los objetivos fundamentales que pretendemos con el presente trabajo. El primero, editar los números disponibles del suplemento árabe-español *Wa-lā Gālib illā Allāh/¡Solo Dios es vencedor!*, ya que, pese a estar —con enorme acier-

---

1.   Queremos igualmente agradecer al profesor Juan Pablo Arias Torres la idea de este trabajo, que ha guiado y animado en todo momento y cuyo manuscrito final leyó y mejoró realizando sugerentes aportaciones.

to— digitalizados y disponibles para el público general, su naturaleza manuscrita dificulta la lectura y contribuye a su escasa difusión entre el público especializado. El segundo y de mayor envergadura, llevar a cabo un estudio traductológico del mismo, lo que nos obligará, por un lado, a acometer el análisis detallado y caracterización de los presuntos original árabe y versión española, especialmente interesante en el primer caso por ser aquel hijo de una época en la que la prensa árabe en el Magreb aún distaba mucho de estar asentada y la normalización del árabe de prensa todavía se encontraba en una fase primigenia; y por otro, a intentar identificar las estrategias y técnicas de traducción usadas en estas versiones de finales del siglo XIX.

Así pues, comenzaremos por presentar el contexto histórico en el que se enmarca la publicación del suplemento y por ofrecer una panorámica de la situación de la prensa en el siglo XIX, tanto árabe como española y, en particular, ceutí. Seguirá la descripción detallada del suplemento bilingüe, en sus tenores árabe y español, con objeto de dar a conocer todos los detalles posibles sobre su génesis y naturaleza para luego pasar a su estudio desde el punto de vista del proceso de traducción. Se estudiarán, entre otros, aspectos como la direccionalidad en este proceso, la política y estrategias puestas en marcha, las técnicas utilizadas o los errores y aciertos hallados. Finalmente estableceremos un apartado de conclusiones y la preceptiva bibliografía dará paso a los anexos en los que el lector interesado podrá encontrar la edición completa de los siete números conservados, así como un índice de los temas que en ellos se trata, y que fueron noticia en aquella época. Asimismo, quien ostente un interés de carácter lingüístico sobre el análisis de los suplementos, podrá encontrar en los anexos un glosario de las voces marroquíes utilizadas, junto a su correspondiente voz en español; un listado de los topónimos y antropónimos a los que se hace referencia a lo largo de las ediciones, del mismo modo acompañados de sus correspondientes en español; y una tabla ejemplificativa de vocablos que han sufrido variaciones en su ortografía, especialmente debido a la naturaleza enfática de su raíz.

Múltiples creemos que son los beneficiarios de los resultados de este estudio. Entre ellos y en primer lugar, aquellos historiadores y estudiosos que quieren conocer más sobre la verdadera naturaleza de este periódico a partir del análisis formal y del contenido del propio texto y, en concreto, de su versión árabe. Veremos cómo afirmaciones del tipo «escrito en árabe vulgar», lugar común en las descripciones de este suplemento, no se corresponden del todo con la realidad. En segundo lugar, la edición de *Wa-lā Gālib illā Allāh* pone al servicio de los investigadores en el ámbito de los estudios árabes una fuente de información directa sobre un estado de lengua concreto: el árabe de prensa de finales del siglo XIX, en proceso de creación y normalización, trufado de neologismos, transcripciones de nombres extranjeros y, en el supuesto que nos ocupa, de influencias en los planos léxico y gramatical del coloquial marroquí. Y en tercer lugar —y por no alargar la lista—, este trabajo resulta de especial interés para todos aquellos que trabajan en el ámbito en la traducción árabe-español, en general, y en su historia, en particular. En ocasiones conservamos nombres de célebres traductores que ejercieron el oficio profesionalmente pero, con excepción de aquellos dedicados a la traducción literaria y algún otro caso aislado, pocas veces nos ha quedado testimonio de su trabajo, especialmente cuando hablamos de la traducción al árabe, como es el caso que nos ocupa (Feria García, 2007: 5-44). Por eso, conocer a través de una prueba directa qué se traduce y cómo se traduce —y en este caso concreto con sus implicaciones para las sempiternas relaciones hispanomarroquíes— es una suerte de la que no siempre se puede disponer.

Wa-lā Gālib illā Allāh:
UN PERIÓDICO CEUTÍ DECANO DE LA PRENSA ÁRABE EN MARRUECOS. ESTUDIO Y EDICIÓN

CAPÍTULO I

EL ECO DE CEUTA EN SU CONTEXTO

1. Antecedentes de la prensa ceutí

Existe una innegable relación entre el desarrollo de la prensa y los diversos cambios políticos ocurridos a lo largo de la historia. Sin duda, la población española ha sido testigo de ello durante el devenir del convulso siglo XIX que, así como defendió la censura durante el reinado intermitente de Fernando VII e impuso fuertes restricciones durante la primera etapa de la Restauración borbónica, permitió total libertad de imprenta en el Trienio Liberal y en el Sexenio Revolucionario, y brindó una mayor libertad tras la llegada del liberal Sagasta en el último cuarto de siglo (Seoane, 1983).

Ceuta, ciudad y plaza militar, no sería la excepción. El comienzo del Trienio Liberal dio lugar a la aparición de *El Liberal Africano* (1820), la primera publicación ceutí, aunque impresa en Madrid y luego en Algeciras, en los talleres de la familia Contilló. Durante 1821 y 1822, vieron la luz *El Eco de Ceuta*[2] y *El Eco Constitucional*, periódicos también ceutíes impresos en los mismos talleres algecireños (Gómez Barceló, 2013-14: 37). Sería necesario esperar cuatro décadas para ver nacer la siguiente publicación ceutí, ya que el regreso de Fernando VII en 1823 y la implantación de su política absolutista provocaron la desaparición de numerosas publicaciones debido a la imposición de una férrea censura.

Fue en 1860 cuando apareció *La hoja suelta de Algeciras*, la primera publicación llevada a cabo en la propia ciudad de Ceuta. El encargado de esta misión no

---

2.   Periódico homónimo al que se publicaría más tarde. La estructura *(El) Eco de…* representaba un título frecuente en periódicos de la época, tal es así que en Granada (1854) y anteriormente en Cádiz (1852) con el mismo nombre, se publicaba *El Eco de Occidente*. Pedro Antonio de Alarcón, quien impulsara la versión granadina de este periódico, publicaría en 1860 *El Eco de Tetuán* (Viñes, 1995: 166), y ya en 1885 vería la luz *El Eco Mauritano en Tánger* (Viñes, 1995: 105).

fue otro que el periodista algecireño Manuel García de la Torre y Contilló, nuevo propietario de la imprenta de los Contilló, quien se había trasladado temporalmente a Ceuta para cubrir los sucesos acaecidos en la Guerra de África, y a quien le había sido concedida la autorización para imprimir la *Hoja* en una pequeña imprenta de campaña. Dos años más tarde, decidió fijar su residencia definitiva en Ceuta, acompañado por su esposa y tres de sus hijos. Es allí donde instaló un taller de imprenta y librería (Gómez Barceló, 1993).

A comienzos del Sexenio Revolucionario, el Gobierno estableció la más completa libertad de prensa (Sanz Trelles, 1989), por lo que, bajo el pie de imprenta *García de la Torre,* vio la luz *La Crónica de Ceuta: periódico de noticias, literatura e intereses generales* (1868). Asimismo, se imprimieron *La Acacia* y *El Defensor del Cadete* o *El Amigo del Cadete*, ambos manuscritos; además de la primera publicación periódica oficial: el *Boletín Eclesiástico del Obispado de Ceuta S. V.*, en 1871.

En 1883, los García de la Torre y Contilló pretendían trascender los límites de la ciudad norteafricana y convertirse en la primera imprenta de toda la región en publicar un semanario: *El Eco de Ceuta, periódico de intereses locales y materiales*. Sin embargo, el periodista Gregorio Trinidad Abrines se les adelantaría con la publicación del que pasaría a ser el semanario decano de la zona, *Al-Moghreb al-Aksa*, que comenzó su andadura en Tánger el 28 de enero de ese año, publicado en sus inicios en español y, más tarde, en inglés (Gómez Barceló, 2013-14).

2. *El Eco de Ceuta*

El primer número de *El Eco de Ceuta, periódico de intereses locales y materiales* apareció el 16 de febrero de 1883 de manos de Manuel García de la Torre y Contilló. La publicación fue dirigida, en primer lugar, por el abogado Enrique García Ponce quien, tras haber sido designado alcalde de la ciudad en 1884, dimitió para dejar su puesto en manos del farmacéutico Ifigenio Utor y Custodio. Sin embargo, el hijo del propietario, Joaquín García de la Torre y Almenara, pasaría ese mismo año a hacerse cargo de la dirección (Gómez Barceló, 1984).

El Eco de Ceuta se componía de solo cuatro páginas, sin tener en cuenta el suplemento *¡Solo Dios es Vencedor!* que, una vez publicado, duplicaba el número de páginas a ocho. El formato que presentaba la publicación coincidía con el adoptado por la mayoría de los periódicos españoles de la época: la información estaba distribuida en tres columnas, el interlineado permitía leer con claridad, y las diferentes noticias bien se encabezaban con un titular cuya fuente sobresalía del resto del texto, bien se establecían espacios entre los párrafos, lo que permitía organizar visualmente la información.

La primera página del periódico estaba dedicada a reflexiones y consejos, a modo de editorial, sobre diversos temas relacionados con hechos acaecidos en tierra africana o europea. En la segunda y en la tercera página, bajo el título *Ayuntamiento*, se comunicaban los acuerdos adoptados durante las juntas de concejales y, bajo el título *Resonancias*, se expresaban reclamaciones sobre el mal estado de ciertas calles o edificios de la ciudad y se comunicaban noticias breves relacionadas con el extranjero, o se citaba información provista por otros periódicos coetáneos. Asimismo, en la página tercera se ofrecían comunicados breves y variopintos, bajo el título de *Ecos*. Por último, en la cuarta página se publicaban anuncios y ofertas.

Pese a que no se ha podido conservar la totalidad de las publicaciones, la numeración nos corrobora la periodicidad semanal con que se editaba el periódico, del que se conservan 181 números de un total de 195. Encontrándose, pues, ya muy cerca de su publicación número doscientos, y tras cuatro años de vida, en enero de 1887, *El Eco de Ceuta* se ve obligado a cerrar sus puertas debido a las numerosas vicisitudes que hubo de enfrentar, entre ellas la multa de cien pesetas con opción de cárcel a su director que el Gobernador José López Pinto y Marín Reina le impondría (Gómez Barceló, 1984:47) y otras duras batallas con la autoridad ceutí por constituir *El Eco de Ceuta* el reflejo de un ideario liberal surgido en ambientes másonicos. No obstante, se cree que tan solo sufrió un cambio de nombre y de domicilio, ya que durante el mismo año nació *África* (más tarde, *El África*), que no fue sino la «cabecera que sustituyó a *El Eco de Ceuta* a partir del 1887 ante las numerosas sanciones que había acumulado en sus enfrentamientos con las autoridades político-militares» (Gómez Barceló, 2013-14: 47).

Como se ha mencionado con anterioridad, Manuel García de la Torre y Contilló pretendía erigir *El Eco de Ceuta* como decano de la prensa en la región, pero ya sabemos que la publicación de *Al-Moghreb al-Aksa* echaría por tierra estos planes. Sin embargo aún le quedaba la baza de proclamarlo decano de la prensa árabe en Marruecos merced a la publicación de su suplemento bilingüe árabe-español, *Wa-lā Gālib illā Allāh/¡Solo Dios es vencedor!*, anunciado en los carteles publicitarios (conservados en la Biblioteca del Estado de Ceuta) como «edición árabe de *El Eco de Ceuta*». No nos queda, pues, más remedio que situar a este suplemento en el contexto de la prensa árabe de la época para justificar tan merecido puesto de honor.

El decano de la Prensa árabe de Marruecos

"Solo Dios es vencedor"

Edición árabe del "Eco de Ceuta"

Editado en Ceuta   Año 1883

Imagen 1: Cartel anunciador de *¡Solo Dios es Vencedor!*

3. Antecedentes de la prensa en árabe

Si bien ya existían publicaciones periódicas en los países occidentales, el nacimiento de la prensa propiamente dicha en el mundo árabe se remonta a los últimos años del siglo XVIII, aunque su desarrollo tendrá lugar especialmente durante el siglo XIX. Las primeras noticias de las que se tiene conocimiento nos trasladan hasta Egipto, cuna de las primeras publicaciones en los países árabes.

En el año 1798, y gracias a las innovaciones que Napoleón Bonaparte llevaría consigo desde Europa, vieron la luz las dos primeras publicaciones periódicas en el mundo árabe: *Le Courier de L'Egypte* y *La Décade Egyptienne*. Son varios los autores que mencionan estas primeras publicaciones (Ayalon, 1995; Boubakeur, 1951; Empereur, 2008) y, sin embargo, no todos las consideran pioneras de la prensa en los países árabes ya que, a pesar de haber sido las primeras impresas en la zona, utilizaban el francés como idioma de comunicación. Ninguna de las dos publicaciones estaba dirigida al pueblo egipcio, sino más bien a militares franceses y personal administrativo asentado en el país.

La primera publicación periódica impresa en lengua árabe y en un país árabe de la que se tiene conocimiento es *Al-Tanbīh*, un boletín informativo que data del año 1800. También surgida gracias a la imprenta de Bonaparte y sus acompañantes, solo dan cuenta de ella algunos estudios (Boubakeur, 1951:11; Murūwa, 1961:142) mientras que otros la obvian (Al-Nablusi, 2000) o admiten la carencia de una fuente fehaciente que pueda verificar su existencia (Ayalon, 1995:12). Algo parecido ocurre con la publicación *Al-Ḥawādīṯ al-Yawmiyya*, supuestamente escrita en árabe y traducida más tarde al francés, creada para difundir el registro del desarrollo de las actividades diarias en los diversos departamentos militares (Ayalon, 1995:12).

Hasta entonces, no se puede realmente asegurar que haya existido un periódico árabe propiamente dicho. Sí se podía prever, en cambio, que Egipto sería con toda probabilidad el enclave en donde el mundo árabe vería nacer su propia industria periodística. La novedad de la imprenta por parte de los franceses había marcado un punto de inflexión en el país, si bien «la Prensa no pudo desarrollarse en razón de su novedad, de su origen occidental y del número muy reducido de lectores que existía entonces» (Boubakeur, 1951:13). Tendrían que esperar hasta 1828 para ver surgir lo que muchos consideran realmente el primer periódico árabe: *Waqā'i' Miṣriyya* (más tarde, *Al-Waqā'i' al-Miṣriyya*).

Son varias las fuentes que le atribuyen a *Al-Waqā'i' al-Miṣriyya* el primer lugar en la serie de periódicos árabes que lo sucederán. La Biblioteca Británica no posee otro ejemplar más antiguo que los números de la mencionada publicación (British Library, 2016), Al-Nablusi (2000) no menciona ninguna publicación árabe anterior, y el periódico *Al-Hilāl* (1892) lo ubica en el puesto número uno dentro de la enumeración de periódicos árabes. Sin embargo, la difusión y el éxito de *Al-Waqā'i' al-Miṣriyya* no fueron quizás los esperados: además de no ser atractiva a la vista y no diferenciar el cuerpo de las noticias y los titulares con fuentes o tamaños diversos, solo estaba disponible para aquellos ciudadanos que de alguna manera se encontraban relacionados con los planes del Gobierno (Ayalon, 1995:15).

No obstante, es a mediados del siglo XIX cuando comienzan a surgir nuevas cabeceras árabes, especialmente en la actual Turquía, Irak, el Líbano o Egipto. Entre las más destacadas, podrían mencionarse las publicaciones de Estambul: *Al-Ŷawā'ib* (1860); Bagdad: *Zawrā'* (1869); Beirut: *Ḥadīqat al-Ajbār* (1858), *Al-Ŷinān* (1870), *Al-Muqtaṭaf* (1877), *Lisān al-Ḥāl* (1877); El Cairo: *Wādi-l-Nīl* (1867); o Alejandría: *Al-Ahrām* (1875).

En el entorno más cercano a nuestros intereses, si bien la prensa en el Magreb se había ido desarrollando con lentitud, se tiene conocimiento de algunos periódicos que también precedieron a *El Eco de Ceuta*: en Argelia, *Al-Mubaššir* (1847); en Túnez, *Al-Rā'id al-Tūnisī* (1861) y en Libia, *Ṭarāblus al-Garb* (1866). Existían, en consecuencia, bastantes precedentes que pudieron haber servido como inspiración o simplemente como apoyo comparativo para el proyecto de García de la Torre y Contilló.

No obstante, y en palabras de Boubakeur (1951:24), «se ha de esperar el principio del siglo XX para poder registrar las primeras manifestaciones de una Prensa oficial» en el Magreb. Este es el caso concreto de Marruecos, donde el primer periódico conocido es *Al-Magreb*, publicado en Marrakech en 1889 (*Al-*

Hilāl, 1892; Fernández Parrilla, 2006: 49; Murūwa, 1961:224), aunque no todos los investigadores lo mencionan en sus estudios debido a la corta vida de la que gozó. Ya alrededor de 1904, nació *Al-Sa'āda* en Tánger, que es considerado el primer periódico marroquí en lengua árabe (Boubakeur, 1951:24, Tayebi, 2013: 499).

Podemos concluir, pues, que el periódico *El Eco de Ceuta* con la edición de su suplemento *Wa-lā Gālib illā Allāh,* nacidos en este concreto enclave norte-africano pero con difusión contrastada en el vecino Marruecos, merece sin duda el puesto de honor de pionero de la prensa árabe en ese país, y se ubica entre los primeros en la lista de publicaciones periódicas árabes en todo el norte de África, a excepción de Egipto.

4. Un cercano precursor: *La Estrella de Occidente*

Dentro del marco que denominamos *prensa árabe* o, quizás en este caso, *prensa en árabe,* no hemos de olvidar al que consideramos el antecedente más directo de la publicación ceutí: el periódico hispano-marroquí *La Estrella de Occidente*, fundado y dirigido por el catedrático de árabe de la Universidad de Granada, Antonio Almagro Cárdenas (1856-1919), discípulo de Francisco J. Simonet[3]. La necesidad proclamada desde los círculos africanistas de contar con un periódico árabe como apoyo a la empresa colonial en el Norte de África encontró temprana respuesta en *La Estrella de Occidente* (1879), que abrió sus primeras páginas no solo con objeto de «poner en conocimiento de los habitantes del cercano Imperio de Marruecos el curso de los principales sucesos de la Europa» sino también de «darles a leer multitud de manuscritos que poseemos escritos en dicha lengua [árabe] y que se deben a la pluma, o de antiguos musulmanes o de escritores contemporáneos del Mogreb» (*La Estrella de Occidente*, nº 1, 1879: 1).

Soterrada declaración de servicio a la empresa colonial y semejantes objetivos para su suplemento bilingüe expresa desde su nacimiento *El Eco de Ceuta* (nº 19, 1883: 1 y 3):

> Convencidos por una constante práctica de que la armonía y unidad de intereses con nuestros vecinos, son las únicas palancas que pueden llevar la influencia española al interior de ese imperio en el que el nombre español tan hondas simpatías ha sabido conquistarse [...], la redacción del *Eco de Ceuta* sin arredrarse ante los sacrificios que puedan ser in-

---

3. Agradecemos los datos facilitados para la elaboración del presente apartado al profesor Juan Pablo Arias Torres quien prepara una investigación sobre la labor de Almagro Cárdenas como traductor y editor de *La Estrella de Occidente*.

mediata consecuencia de su noble empresa, ha decidido publicar, como suplemento á cada uno de sus números á contar desde el presente, una hoja escrita en caracteres árabes, que circulará gratis, si fuera necesario, por las poblaciones de Marruecos.

"Nuestro suplemento árabe" [...] Esta obligación es la de ayudar a que los demás alcancen todos los beneficios posibles, sin menoscabo de los nuestros; y he aquí la razón que nos ha movido a emprender desde hoy la edición de una hoja en lengua árabe, para que nuestros vecinos puedan seguir paso a paso el movimiento comercial de nuestra plaza, productos que hallan más fácil colocación y salida, y todo aquello que en este sentido pueda interesarles. Ageno [*sic*] como es El Eco a toda idea política, se abstendrá absolutamente de tratar de modo directo ni indirecto nada que pueda referirse a la Gobernación, a los usos y costumbres, y mucho menos a la religión de sus vecinos, que respetará del mismo modo que desea ver respetada la suya. En cambio les dará semanalmente una *crónica o revista* de los acontecimientos más notables que tengan lugar en el mundo; descripción y noticia de algún invento útil, como de cualquiera otra cosa cuyo conocimiento les pueda interesar, sin salir nunca del prudente límite que señalan las conveniencias de una y otra nación.

A los que pronto uniría su intención de incluir en su suplemento textos relativos a la historia, tradiciones y leyendas de la España árabe «cuyo conocimiento ha de tener mucho atractivo para la población *andalucí* [*sic*] de Marruecos y para el público en general» (*El Eco de Ceuta*, nº 39, 1883:3) en palabras del presidente de la recién creada —noviembre de 1883— Unión Hispano-Mauritánica y que no es otro que Almagro Cárdenas. *El Eco* anunciará la publicación de los textos que esta sociedad granadina tuviera a bien enviar, con la esperanza de que dichos manuscritos «despertarán en ellos [los marroquíes] cada día mayor afición a las cosas de España y harán que el odio se convierta en amistad» (*El Eco de Ceuta*, nº 44, 1884: 1).

Múltiples y diversos fueron los vínculos que hacen patente esta innegable relación entre *El Eco de Ceuta,* Almagro Cárdenas y, por tanto, *La Estrella de Occidente* y la Unión Hispano-Mauritánica. *El Eco de Ceuta* nos indica que Felipe Rizzo, intérprete del Gobierno de Ceuta y traductor del suplemento árabe *Wa-lā Gālib illā Allāh*, es miembro de la sección literaria de la Unión Hispano-Mauritánica; mientras que Enrique García Ponce, director de *El Eco de Ceuta*, es miembro de la sección de propaganda (nº 44, 1884: 2). Asimismo, no solo el periódico ceutí se proclama «órgano de la Unión en África» (*El Eco de Ceuta*, nº 44, 1884: 2), dando así a conocer el fuerte lazo que los unía con los estudiosos granadinos, sino que el propio Almagro Cárdenas recomendará su lectura a los socios de la Unión (*El Eco de Ceuta*, nº 90, 1884: 2). Lo recordará más tarde como «la más notable» entre las publicaciones hispano-africanas de Ceuta y Melilla, y reafirmará su estatus de órgano de la Unión Hispano-Mauritánica (Almagro Cárdenas, 1908: 499).

Por otra parte, el título que corona el suplemento árabe (*Wa-lā Gālib illā Allāh*), célebre lema de la dinastía nazarí y motivo omnipresente en las paredes de la Alhambra, vuelve a conectar este proyecto con la ciudad de Granada, cuya sola mención en palabras de Emilio López en *El Telegrama del Rif* «tiene tal significado para los hispano-marroquíes que su nombre es un conjuro que hace vibrar las almas» (Viñes, 1995: 124). Se corrobora de este modo el uso de títulos con reminiscencias granadinas para los órganos de expresión de sociedades coloniales, al igual que ocurriera con *La Alhambra,* órgano de difusión de la Unión Hispano-Mauritánica tras desaparecer, primero *La Estrella* y luego el *Boletín de la Sociedad Unión Hispano-Mauritánica.*

Curiosamente para traducir el célebre lema nazarí que da nombre a nuestro suplemento los editores eligieron la versión «¡Solo Dios es Vencedor!»[4]. Se trató, pues, de escoger la traducción más en boga y hasta cierto punto prestigiosa al ser la ofrecida —entre otros— por arabistas coetáneos vinculados a la capital nazarí de la talla de Lafuente Alcántara o, una vez más, el propio Almagro.

El paralelo entre *Wa-lā Gālib illā Allāh* y *Naŷmat al-Magrib* —la versión árabe de *La Estrella de Occidente*— es, pues, fácil de establecer, aunque también lo son las diferencias que ilustraremos a continuación y que —adelantamos— hacen del suplemento ceutí un discípulo aventajado que supera en nuestra opinión al propio maestro.

A pesar de la opinión muy favorable y positiva que sostiene Gómez Barceló (2013-14:46) en sus estudios sobre *Wa-lā Gālib illā Allāh*, donde afirma que «naturalmente, la modestia de la publicación ceutí no lo hace comparable con la granadina, ni en medios materiales ni en medios humanos ni tampoco en contenido», declaramos desde ya que no compartimos esa opinión, al menos en lo que concierne a la versión árabe del suplemento.

No hay duda de que a Almagro corresponde el honor de poner en marcha el proyecto de un periódico en árabe dirigido a un público marroquí y cuya hoja autógrafa en árabe precede incluso al periódico en español, aunque sea en tres días.

---

4. Esta interpretación restrictiva del lema nazarí conlleva resaltar el lado más belicoso de la palabra *gālib*, dejando a un lado otras posibles acepciones que pudiera tener este término, relacionadas con los ámbitos teológico, cosmológico, místico o incluso ético (Peña Martín, 2000; Peña y Vega, 2008).

En el caso de *El Eco de Ceuta*, primero nace el periódico y solo más tarde surgirá el suplemento en árabe, seguido finalmente de su traducción al español. Y que en la cabeza de los editores ceutíes estuvo desde el inicio la publicación granadina como ya hemos señalado, es un hecho evidente.

La periodicidad de las publicaciones conforma la primera de las diferencias que le otorgan al suplemento ceutí un grado mayor de consideración. *Wa-lā Gālib illā Allāh* mantenía una periodicidad semanal y, aunque solo se conserven siete ejemplares, cabe pensar que habrían de haberse publicado un mínimo de quince, a razón de cuatro ejemplares por mes. *La Estrella de Occidente*, por su parte, habiendo garantizado una periodicidad quincenal, solo publicó seis números durante los primeros dos años de vida (1879-1880), que fueron traducidos y publicados a lo largo de los 19 números en español correspondientes a esta primera serie. Mientras que en una segunda etapa, de octubre a diciembre de 1880, no parece haberse publicado la versión en árabe, esta reaparece en una tercera etapa (1890-1893), ya como órgano de la Unión Hispano-Mauritánica, donde publican seis ejemplares más (números 55, 58, 63, 66, 69 y 70); lo que conforma un total de doce ejemplares frente a los quince de *Wa-lā Gālib illā Allāh*.

En segundo lugar, la publicación ceutí —como veremos— se esfuerza por publicar muchas y variadas noticias de actualidad provenientes de diversos países, reflexiones sobre temas de interés para la sociedad y descubrimientos de diversa índole, lo que lo convierte en un auténtico periódico. Más tarde, y a través de su vínculo con la Unión Hispano-Mauritánica, comenzará a mostrar interés por la publicación de literatura o de textos históricos andalusíes que no sabemos si llegó a concretar. La versión árabe de *La Estrella de Occidente*, no obstante, se autocalifica como «periódico literario quincenal», esto es, se concentra más en el aspecto histórico-literario andalusí, editando textos en árabe clásico extraídos de obras tan diversas como *Las mil y una noches* o de fuentes históricas. Solo un artículo en la primera serie está dedicado a sucesos de la actualidad y redactado en un árabe con rasgos claros del dialectal marroquí o vulgar[5] como el propio diario declara: «Crónica Española» (*La Estrella de Occidente*, n° 1, 1879:2) «*Bayān al-ḥāl*» (*Naŷmat al-Magrib*, n° 1, 1879:1). En la tercera serie, las noticias de actualidad en árabe

---

5. Notamos —al menos, en el único artículo de la primera etapa dedicado a sucesos de actualidad, *Bayān al-ḥāl*— que el uso del árabe marroquí es considerablemente más acentuado en *Naŷmat al-Magrib*. Como ejemplos demostrativos, caben mencionar los siguientes: escritura basada en pronunciación (*jamṭāš* EN LUGAR DE *jamsat ʿašar* para el numeral *quince*); léxico propio del árabe marroquí (*bi-l-zāf* EN LUGAR DE *ŷiddan*; *bāš* EN LUGAR DE *li-*); marca específica de artículo indeterminado (*wāḥid al-sulṭān* EN LUGAR DE *sulṭān*); incongruencia numérica (*mātū al-nās* EN LUGAR DE *māt al-nās*); estructuras gramaticales propias (*bi-l-zāf ḏāl-darāhim* EN LUGAR DE *darāhim ʿadīda* o *kaṯīr min al-darāhim*) y estado constructo con *diyāl*.

son más abundantes, pero Almagro Cárdenas sencillamente reproduce los textos publicados por otros periódicos árabes, por lo que —sin restar mérito a su labor—, el esfuerzo de redacción de noticias en árabe o de traducción al árabe de esas noticias fue mucho menor que el desempeñado por el equipo redactor de *Wa-lā Gālib illā Allāh*. En otras palabras, el grueso de la labor de Almagro Cárdenas consistió especialmente en traducir al español extractos de obras literarias e históricas que reproducía en su periódico árabe sin variación alguna con respecto al original, además de traducir al español noticias que obtenía de otras publicaciones árabes. En ocasiones —en una iniciativa pionera, digna de encomio— estas traducciones de prensa eran fruto del trabajo de los alumnos en sus clases en la universidad.

Concluimos pues, que, si bien resulta evidente que la redacción de *Wa-lā Gālib illā Allāh* mantenía estrechos vínculos con el equipo de *La Estrella de Occidente* y pudo haber tomado como referencia directa su versión árabe, *Naŷmat al-Magrib,* son diversas y variadas las características que definen a la publicación ceutí y la dotan de una naturaleza única.

CAPÍTULO II

Wa-lā Gālib illā Allāh:
HISTORIA Y DESCRIPCIÓN

1. Autoría del suplemento

Manuel García de la Torre y Contilló, motor de *El Eco*, no habría logrado su anhelo de publicar un semanario en árabe sin el concurso del intérprete Felipe Rizzo Ramírez, quien aparece en calidad de director de la hoja en árabe en la prensa de la época (*El Día,* 3 de octubre de 1883:1 y Almagro Cárdenas, 1908:500). De su competencia en lengua árabe no deja duda la propia redacción de *El Eco de Ceuta* años después (nº 185, 1886:3) cuando —haciendo especial referencia a la expedición al Sáhara que Rizzo llevara a cabo junto al Doctor en Ciencias, Francisco Quiroga, y al capitán de ingenieros, Julio Cervera— alabaría sus admirables dotes: «Domina el árabe de tal modo, que á paso corregía á los indígenas y pasaba entre ellos por *taleb*».

Felipe Rizzo Ramírez (Trípoli, Libia, 11 de marzo de 1823; Ceuta, 12 de diciembre de 1908) había nacido en un entorno familiar en el que las lenguas, la traducción y las relaciones diplomáticas constituían una ocupación recurrente: tanto su padre, Juan Bautista Rizzo Spantaro, como su abuelo, Benedetto Rizzo, habían ejercido el puesto de «intérprete de lengua musulmana». Tal fue la influencia que dicho ámbito ejercía sobre la familia que no solo Felipe Rizzo dedicó su vida a ello, sino también dos de sus hermanos, Juan y Salvador, quienes desempeñaron las labores de Intérprete del Ministerio de Estado en Madrid y de cónsul, respectivamente (Arias y Feria, 2012: 218).

En Túnez, donde vivió a partir de la edad de cinco años, comenzó su carrera consular. Con vastos conocimientos de inglés, árabe, francés, español e italiano, fue nombrado Vicecónsul interino, cuando contaba tan solo 18 años (Pina, 2008: 209), cargo que desempeñó junto al de Cónsul General durante cerca de dos décadas en el consulado español de Túnez. Sus conocimientos y su buen hacer le granjearon condecoraciones, títulos y nombramientos, hasta el punto de ser proclamado Interventor de los Derechos de Aduana en Tánger y Cónsul de 1ª clase. Su suerte daría un vuelco en 1866, cuando desaparece repentinamente una importante suma de dinero que el Sultán de Marruecos había pagado a España como indemnización de guerra, y que se encontraba a su cargo. Felipe Rizzo hubo de enfrentarse a dos juicios y, si bien fue absuelto en ambos, la situación no evitó que fuera cesado de todos sus cargos consulares (Pina, 2008: 213). Ante este nuevo panorama y tras años afrontando los problemas económicos que dichos sucesos conllevaron, Rizzo se incorporaría en 1879 a la Comandancia General Militar de Ceuta, donde ocupó la plaza de intérprete de árabe, ocupación que compaginó con la docencia de este idioma en la Academia militar de la ciudad, de otras lenguas en el Colegio de Santa Ana y, como ya sabemos, de redactor del suplemento en árabe de *El Eco*. Restituido a la carrera consular en 1888 y tras un breve paso por Nueva Orleans, regresará jubilado a Ceuta para seguir con su anterior actividad docente hasta su fallecimiento (Arias y Feria, 2012: 219).

Gómez Barceló (2013-14: 42) señala también entre los artífices del suplemento al intérprete Antonio Comandari, extremo que no hemos podido confirmar ya que el cotejo de la hoja de servicios que publicó en su día Lourido (1999: XLI) hace esta opción inviable a primera vista[6]. Nacido en Italia en el año 1842 según Lourido, exalumno del Padre Lerchundi, desde 1867 ocupó el puesto de segundo intérprete de la Legación de España en Tánger. En 1872 fue trasladado a la ciudad de Ceuta donde, no obstante, permanecerá solo hasta 1879, año en el que sería enviado al Consulado General de España en Túnez en calidad de intérprete de 3ª clase. Acabamos de señalar que en esa fecha llegó Rizzo a la Comandancia de Ceuta, por lo que parece lógico que viniera a sustituir la vacante dejada por Comandari. En 1884, este aparece ahora como intérprete del Consulado General de España en El Cairo donde permanecerá en principio hasta 1891, momento en que regresa de nuevo a la Comandancia General Militar de Ceuta. No tenemos, pues, datos contrastados de si en 1883, año de nacimiento del periódico y de su suplemento bilingüe, residía de nuevo en Ceuta y de qué manera pudo colaborar o influir efectivamente en su elaboración. En 1906 asistió a la Conferencia de Algeciras y continuó actuando como intérprete en las delegaciones diplomáticas de España en Túnez y en Egipto hasta finales de esa década.

Por otra parte, hemos de destacar la labor realizada por el profesor Emilio Palanco y Grima, quien se prestara como copista de la versión en español del

---

6. Asimismo, hemos cotejado dicha hoja de servicios (Lourido, 1999) con el expediente original y, en efecto, no podemos afirmar con rotundidad la presencia de Comandari en la ciudad de Ceuta durante el año 1883.

suplemento, «única misión que hasta aquí le estuviera encomendada y que hemos de manifestar, en honor suyo, que ha realizado gratuita y generosamente» (*Eco de Ceuta*, nº 39, 1883:3). Y si bien es en dicha fecha cuando el profesor de instrucción primaria cesa su trabajo como copista en el periódico ceutí, las alusiones a su bondad y las muestras de gratitud hacia su persona continúan haciéndose patentes en la redacción de *El África*, que el 17 de marzo de 1900 (nº 740) se hacía eco de su fallecimiento dedicándole una columna a su memoria.

2. Singladura y acogida del suplemento

El primer suplemento bilingüe, *Wa-lā Gālib illā Allāh* —*¡Solo Dios es Vencedor!* en su versión en español— salió a la luz acompañando al número 19 de *El Eco de Ceuta*, el 1 de julio de 1883, pocos meses después del nacimiento del periódico. Una semana más tarde, el número 20 vuelve a hacerse eco de esta difícil iniciativa (p. 3):

> Y salió nuestro primer suplemento escrito en árabe vulgar y dedicado expresamente a nuestros vecinos del Mogreb. Y según noticia que ya tenemos parece que la publicación ha sido entusiastamente recibida por los naturales. Tal era precisamente nuestro deseo. [...] ¡Pero cuánto trabajo nos ha costado llevar a feliz término el proyecto!

Los números que actualmente se conservan en la Biblioteca Pública del Estado de Ceuta —y que pueden ser consultados en línea en la Biblioteca Virtual de Prensa Histórica perteneciente al Ministerio de Educación, Cultura y Deporte[7]— son seis: 26, 29, 31, 32, 33 y 34 correspondientes respectivamente a 22 de agosto, 15 de septiembre, 1, 8, 15 y 22 de octubre de 1883. Además, el cronista Gómez Barceló guarda en su colección personal el suplemento publicado el 8 de agosto (nº 24), que generosamente nos ha cedido para su estudio; y asegura asimismo que existían más suplementos en la hemeroteca particular de Manuel García de la Torre y Blanco, bisnieto del creador del periódico.

Se puede pensar que los primeros ejemplares del suplemento se publicaron solo en árabe. Así cabe deducirse a partir de la presentación del suplemento anteriormente citada y de la nota aparecida en el número 27 de *El Eco de Ceuta* (1883:3):

---

7. Disponible en la siguiente dirección electrónica: <http://prensahistorica.mcu.es/es/consulta/resultados_navegacion.cmd?posicion=1&forma=ficha&id=94818>.

> La redaccion de El Eco de Ceuta [...] ha decidido publicar con el su-
> plemento árabe, que dedica á Marruecos, otro en español, traduccion de
> aquel, que acompaña desde este *número*[8], á los colegas que con el cambio
> le favorecen. Por este medio, que piensan asimismo poner en práctica
> para la edición que remite a los habitantes del Mogreb, podrán, los que
> desconocen en idioma árabe tener un exacto conocimiento de todo lo
> que se contiene en la hoja, que escrita en aquel, empezamos a publicar
> hace algún tiempo.

En consecuencia, el 1 de septiembre marcaría el inicio de la publicación
oficial de la versión española del suplemento *¡Solo Dios es Vencedor!* Pero como
Gómez Barceló señala (2013-14:46), la realidad es que al menos desde el número
24 (ejemplar más antiguo conservado, de 8 de agosto) el suplemento presentaba
la hoja árabe junto a su traducción castellana, por lo que la publicación solo en
árabe debió de circunscribirse como mucho a los cuatro o cinco primeros números,
correspondientes con las fechas de edición de *El Eco de Ceuta* entre el 1 de julio
de 1883 (n° 19, fecha del primer suplemento) y el 8 de agosto de 1883 (n° 24, fecha
del suplemento más antiguo disponible).

Una semana antes de ese anuncio oficial, precisamente la hoja en español
del suplemento *¡Solo Dios es Vencedor!* correspondiente al número 26 (1883: 4)
anunciaba:

> Al mismo tiempo ha decidido el Consejo de Administración de "El Eco
> de Ceuta" que la tirada de su suplemento en árabe tenga igual número de
> ejemplares traducidos al español; pues son muchas las personas —toda
> la colonia hebrea— que habla el riquísimo por todos conceptos, lenguaje
> del autor del Quijote, en la vecina ciudad de Tetuan; y se acompañará,
> á cada número en árabe, otro en español.

Por tanto, podemos quizás interpretar que septiembre de 1883 marca la fecha
de la difusión del suplemento en el país vecino con igual número de ejemplares de
la hoja en español junto a la hoja o «suplemento árabe, que dedica á Marruecos»,
pero no la aparición de aquella que —como hemos constatado en los ejemplares
conservados— se remonta al menos con seguridad a principios del mes de agosto.

Si bien se cree que la publicación de los suplementos bilingües no pudo
haberse extendido mucho más allá del número 34, de 22 de octubre de 1883 —de
hecho, Gómez Barceló (2013-14:45) opina que el suplemento habría desapareci-

---

8.　La cursiva es nuestra.

do hacia noviembre de ese año—, las referencias al mismo en la redacción de *El Eco de Ceuta* continúan, al menos, hasta la publicación número 44, de 8 de enero de 1884. En esta última mención, como hemos visto, se deja incluso entrever la intención de llevar a cabo más publicaciones en el futuro gracias a los trabajos provistos por la Unión Hispano-Mauritánica de Granada: «La hoja árabe de 'El Eco de Ceuta' que hasta ahora ha publicado algún que otro trabajo debido a la 'Unión', verase de hoy en adelante enriquecida con numerosos párrafos y extractos de los manuscritos que poseen nuestras bibliotecas» (p. 1). No se conservan lamentablemente los suplementos a los cuales se hace alusión en las mencionadas ocasiones, bien porque se han extraviado, bien porque nunca han visto la luz, como se deja ver en *El África* (nº 711, 1899), sucesor de *El Eco de Ceuta*, cuando alude a los problemas de índole económica que dieron fin al suplemento precisamente en el momento en que comenzaba a obtener sus mejores frutos.

Dichos problemas, no obstante, no opacarían el gran entusiasmo con el que la prensa española de la época saludó la iniciativa. Así lo indican diversas fuentes tales como *El Correo Militar* (recogido *El Eco de Ceuta*, nº 29, 1883:3):

> Nuestro apreciable colega *El Eco de Ceuta* ha empezado á poner en práctica una magnífica idea; un suplemento á su periódico escrito en árabe vulgar y dedicado especialmente á los vecinos de Marruecos… La determinacion de nuestro apreciable colega quizás llegue á tener la importancia de inapreciable servicio prestado á la humanidad y a la civilizacion.

También expresaron sus opiniones *El Español*: «Un buen servicio á España está prestando el periódico titulado "El Eco de Ceuta," el cual hace ediciones en el idioma árabe, con signos del mismo y los reparte gratis y profusamente en el imperio de Marruecos»; *El Día*: «El Eco de Ceuta viene prestando un servicio a la causa de la civilización y del aumento de la influencia española en Marruecos, con la publicación de un suplemento escrito en árabe vulgar»; y *La Discusion*: «Nuestro colega "El Eco de Ceuta" ha comenzado á publicar en cada uno de sus números una hoja escrita en caractéres arábigos, que hará circular gratis, si es necesario, por las poblaciones de Marruecos. Es digna de elogio esta novedad de nuestro apreciable colega», opiniones recogidas asimismo en el número 29 de *El Eco de Ceuta*.

Por otra parte, la propia redacción de *El Eco de Ceuta* se congratulaba de la favorable recepción del proyecto en Marruecos, y así lo expresaba en el apartado *Resonancias* del número 33 (1883:3):

Como era de esperar, nuestro *Suplemento árabe* empieza á ser objeto de una cariñosa acogida por parte de los habitantes del Mogreb.

Tanto de las plazas comerciales de la costa, como de las ciudades del interior, ya de un modo directo, ya por medio de nuestros cónsules recibimos diariamente listas de suscriciones y peticiones de ejemplares que procuramos atender con respetuosa religiosidad y que nos obligan á aumentar el número de aquellos á cada tirada.

Pese a este caluroso recibimiento, real o acaso exagerado por sus editores, *Wa-lā Gālib illā Allāh*/¡*Solo Dios es Vencedor!* también hubo de reaccionar en su corta singladura ante críticas y peticiones, algunas de las cuales provenían precisamente de sus potenciales lectores araboparlantes, quienes expresaban que el árabe con el que se redactaba el suplemento era difícil de comprender. Así lo recoge un «aviso» publicado al final de la hoja en español del suplemento correspondiente al número 29 (1883:4):

> Habiéndose enterado el traductor del Suplemento á "El Eco de Ceuta" que los habitantes de Marruecos desean que se publique la traduccion en términos vulgares, por no entender las frases gramaticales en que va redactado; y sin embargo de que se le resiste dar crédito á la noticia, desea se le consulte cualquier dificultad dirigiéndose para ello al Intérprete de España, cerca del General, Excmo Sr Comandante General de Ceuta.

Esta reclamación nos previene ante dos cuestiones dignas de atención: la primera, la eficacia verdadera de utilizar un medio escrito para dirigirse al pueblo marroquí; la segunda, relacionada con la primera, la variante de lengua utilizada en la redacción de este suplemento árabe. Poco podemos afirmar con rotundidad sobre la eficacia de este medio más allá de lo que la lógica nos conduce a pensar: que sus potenciales lectores serían un grupo verdaderamente muy reducido de la población marroquí, aunque por su obligada formación quizá no menos influyente. En cuanto a la variante utilizada, el estudio que hemos llevado a cabo corrobora esta queja de los lectores y desmiente aquellas referencias ajenas y propias que indican que el suplemento *Wa-lā Gālib illā Allāh* fue redactado en *árabe vulgar*, tema que trataremos en lo sucesivo.

3. *Wa-lā Gālib illā Allāh*: aspectos formales

Con una simple mirada al suplemento —y sin entrar aún en cuestiones de contenido—, podemos asegurar que despierta un gran interés al ojo acostumbrado a tipografías y modelos periodísticos actuales. Hablaremos a continuación de algunos de los motivos causantes de este interés, como la estructuración de la información, la ubicación y el contenido de la cabecera, la importancia del título del suplemento y su naturaleza caligráfica, así como el uso de grafemas característicos de la escritura magrebí.

El suplemento —que se incluía en el precio del periódico cuando se repartía en la ciudad, mientras que se entregaba de forma gratuita en Marruecos— constaba de cuatro páginas: dos para cada idioma. A diferencia del periódico, los originales del suplemento bilingüe eran caligráficos y se reproducían a través del procedimiento de la litografía. Se supone, pues, que no dispondrían aún de tipos árabes, ya que estos llegarían a tierras marroquíes de la mano de Fray José Lerchundi en 1888 (Gómez Barceló, 2013-14:48). Desconocemos quién se encargaba de escribir la hoja en árabe: hay que presumir que sería el mismo Rizzo[9]. La española, como hemos mencionado, era de puño y letra de Emilio Palanco.

Conforme avanzaron los años, el estilo en la redacción de prensa y en la presentación visual de la información había ido variando y, a su vez, buscando una mejor adecuación a los lectores. Como afirma Boubakeur (1951: 20), la década de 1860 fue la que marcó el establecimiento de un estilo propio en la prensa árabe, ya que hasta ese entonces no se caracterizaba necesariamente por un estilo claro y ameno, sino por artículos casi interminables, lingüísticamente impenetrables y visualmente uniformes.

Wa-lā Gālib illā Allāh, salido a la luz a finales del XIX, es un ejemplo claro de la positiva evolución del género tanto en el diseño y disposición de la información como en su estilo de redacción, claro y sencillo. Y ello pese a que los modelos disponibles de prensa árabe que provinieran de la zona fueron para Rizzo y García de la Torre y Contilló, casi con toda seguridad, escasos. Como hemos mencionado, solo tres publicaciones habían precedido a *Wa-lā Gālib illā Allāh* en todo el territorio del Magreb: *Al-Mubaššir* (1847, Argelia); *Al-Rā'id al-Tūnisī* (1861, Túnez) y *Ṭarāblus al-Garb* (1866, Libia).

Es precisamente el diario tunecino con el que nuestro suplemento muestra bastante similitud. Suponemos que, habiendo Felipe Rizzo desempeñado las labores de cónsul e intérprete en Túnez y más tarde habiéndose unido a las legaciones diplomáticas españolas en Marruecos, donde el control de la prensa de la zona era una tarea cotidiana, conocería de sobra *Al-Rā'id al-Tūnisī.* En esta experiencia habría encontrado fundamento para llevar el suplemento árabe a buen puerto y quizá

---

9.   No se ha podido localizar lamentablemente un documento autógrafo en árabe de Rizzo, lo que hubiera permitido hacer el correspondiente cotejo.

en otras como el periódico egipcio *Al-Ahrām* (1876) y el granadino *La Estrella de Occidente* (1879) con las que comparte también paralelos, a saber:

1) Distribuyen la información en tan solo tres columnas a diferencia de otras épocas u otros periódicos, que lo hacían en cuatro o más (*El Día*, 1883; *Al-Ahrām*, 1896[10]).

2) Presentan un espaciado mayor entre las noticias, marcando el comienzo de cada una de ellas con un titular, aunque cuyo formato de letra no difiere del formato de letra propio del cuerpo de la noticia, pese a que, tratándose de un modelo caligráfico, podría haberse cambiado sin inconveniente alguno.

3) El título principal de la publicación se ubica en la zona central superior y la información referente a ella, a ambos lados; mientras que en otros periódicos era ubicada inmediatamente debajo del título y en un solo fragmento (*Al-Moghreb al-Aksa*, 1883; *Zawrā'*, 1874).

Un análisis breve a las cabeceras de los periódicos ceutí y tunecino nos indica que el equipo creador de *Wa-lā Gālib illā Allāh* habría seguramente tomado como referencia el periódico tunecino *Al-Rā'id al-Tūnisī*, ya que se asemejan no solo desde un aspecto visual, como acabamos de mencionar, sino también léxico —especialmente en comparación con la publicación granadina *Estrella de Occidente*—. Mientras que los dos periódicos africanos utilizan la palabra *ṣaḥīfa* (periódico), el granadino utiliza *kāgiṭ* (papel, periódico en Marruecos); por otra parte, los dos primeros utilizan el verbo *baraza* (aparecer) para hacer referencia a la publicación del periódico, mientras que el segundo utiliza el verbo *ṭaba'a* (imprimirse).

Por su parte, la información contenida en la cabecera de *Wa-lā Gālib illā Allāh* también sufrirá cambios a lo largo de las publicaciones, en especial a partir del número 31 (29 de septiembre, 1883), cuando finalmente se asientan ciertos usos y se mantienen hasta el último número de la publicación. Entre los diversos cambios que se pueden apreciar, llama especialmente la atención la omisión de los precios de compra a partir del mencionado número 31, donde comienza a aludir a su gratuidad. Sabemos que el suplemento en árabe se repartía en Marruecos de forma gratuita, por lo cual la traducción automática de los precios al árabe se tornaba innecesaria y absurda, a menos que se deseara comprar el periódico ceutí en su totalidad.

10.　Las fechas que acompañan a estos periódicos árabes no se corresponden necesariamente con su fecha de creación, sino con la fecha del ejemplar que hemos consultado.

No se puede, sin embargo, darse por descrita la cabecera sin hacer expresa alusión a que el título del suplemento árabe, *Wa-lā Gālib illā Allāh* (*ver Imagen 2*), es copia caligráfica exacta y fiel de los rótulos más frecuentes de las paredes de la Alhambra, además de inscripción constante en las monedas nazaríes y otros objetos, que incluso llegó a traspasar las fronteras del territorio granadino (Peña y Vega, 2008: 131). La conexión señalada con Granada se hace bien evidente.

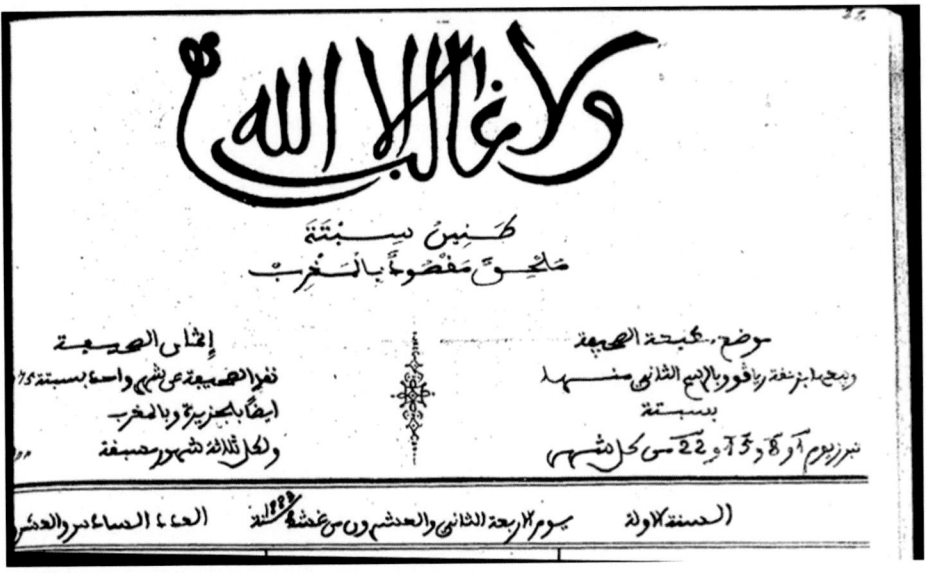

Imagen 2: Cabecera de *Wa-lā Gālib illā Allāh*.

A este respecto, y aunque signifique desviarnos por un instante de los objetivos iniciales de este trabajo, queremos llamar la atención sobre un pequeño detalle. Como es de todos conocido, esta inscripción culmina con un símbolo que ha sido interpretado en dos direcciones. Por un lado, están quienes defienden que se trata de la letra árabe *hā'* o bien *hā'* unida a un *alif maqṣūra* (Gacek, 2001; James, 2009; Déroche, 2006), abreviatura del verbo *finalizar* (*intahà*) o de su *maṣdar* (*intihā'*) usada para marcar el final de un párrafo. En el suplemento *Wa-lā Gālib illā Allāh* encontramos una marca similar cumpliendo la función de punto y aparte en determinadas noticias (*ver Imagen 3*).

Existe, no obstante, una segunda interpretación para este símbolo, que puede ser considerado como la unión de las letras *tā'* y *'ayn*, como abreviatura de *ta'ālà*, es decir, la advocación «ensalzado sea» dedicada a Dios (Martínez Enamorado, 2006: 534). Y si bien esta segunda interpretación podría ser válida para el símbolo que observamos en el título del suplemento árabe, nunca lo podría ser para aquel cuya función es establecer la separación entre los párrafos. De gran interés sería, pues, estudiar si efectivamente ambos símbolos son idénticos y, por tanto, cumplen la función de *finalización* o bien difieren tanto en forma como en utilidad.

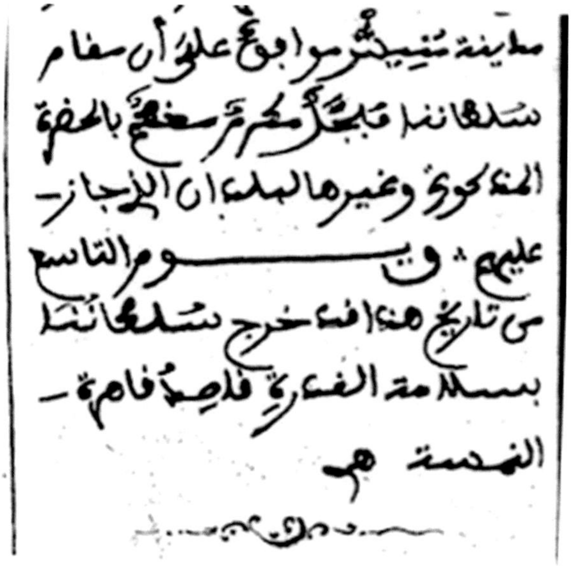

Imagen 3: Párrafo finalizado con marca textual.

Por último, existe un rasgo que salta automáticamente a la vista al analizar el suplemento árabe, consecuencia natural de los destinatarios y del contexto de esta publicación: el uso de la caligrafía de tradición magrebí reconocible por la práctica de representar la *fā'* con un punto por debajo del trazo (ڢ EN LUGAR DE ف), y la *qāf* con un punto por encima (ڧ EN LUGAR DE ق) en sus formas iniciales y medias. Esta práctica se preservó en el tiempo en los manuscritos árabes del Magreb (Gacek, 2009: 145) y así la encontramos en *Wa-lā Gālib illā Allāh.* Otros rasgos de esta escritura presentes en nuestro suplemento son:

- las formas aisladas y finales de las letras *fā', qāf* y *nūn* se representan sin puntos (ڡ / ٯ / ں respectivamente);
- la *hamza* se ubica en la zona inferior al trazo del apoyo vocálico, en lugar de ubicarse en la zona superior (ـٕـ EN LUGAR DE ـٔـ);
- la representación de *alif madda* que, en lugar de realizarse de la manera tradicional en árabe estándar (آ), lo hace con la secuencia *hamza-alif* (ءا).

A continuación se ejemplifican los mencionados casos con fragmentos extraídos del suplemento árabe *Wa-lā Gālib illā Allāh:*

Caso	Árabe suplemento	Árabe estándar	Nº
fā': ڢ / *qāf: ف*	ثلاثة فواٮل	ثلاثة قوافل	26
nūn: ں	وإں كاں حصول ذلك بالحزں	وإن كان حصول ذلك بالحزن	29
qāf: ٯ	وبمڡتضى الوٯٮ المذكور	وبمقتضى الوفق المذكور	29
fā': ڢ	أيضا عُرڢ بخيخة	أيضا عُرف بخيخة	31
hamza: ٮ	من غير حصول ڢاٮدة	من غير حصول فائدة	34
alif madda: ٵ	على ٵاخر مفابلة	على آخر مقابلة	31

Tabla 1: Variación grafémica magrebí en *Wa-lā Gālib illā Allāh*

Si bien hemos mencionado que estos grafemas son especialmente característicos del Magreb y que fue allí donde perduraron, resulta cuando menos interesante comprobar que publicaciones como *Al-Rā'id al-Tūnisī* (1861), procedente de Túnez, o *Ṭarāblus al-Garb* (en su edición de 1901), de Libia, no los utilizaban. Hemos de mencionar, no obstante, la más que evidente diferencia entre *Wa-lā Gālib illā Allāh* y *Al-Rā'id al-Tūnisī*: mientras que el primero era caligráfico, el segundo ya había sido editado con ayuda de una imprenta y tipos árabes.

Sin embargo, son varias las obras coetáneas que mantuvieron esta grafía en sus publicaciones, especialmente aquellas dirigidas al estudio del árabe de Marruecos. Caben mencionar, entre ellas, el *Compendio de gramática de Árabe Vulgar y Vocabulario Hispano Árabe militar* de Santa Olalla (1908); los *Rudimentos del árabe vulgar que se habla en el Imperio de Marruecos* (1872) y el *Vocabulario español-arábigo del dialecto de Marruecos,* ambos de Fray José Lerchundi (1892); el *Compendio gramatical y léxico del Árabe vulgar de Marruecos* (1882) o el periódico *La Estrella de Occidente* (1879), ambas obras del arabista español Almagro Cárdenas, e incluso el que es considerado por muchos el primer periódico en árabe de Marruecos, *Al-Sa'āda* (1904). Hacia 1910, sin embargo, se observa que *Al-Sa'āda* había dado paso a las formas del árabe estándar, si bien seguía manteniendo el uso de estos grafemas para casos de lenguaje formulaico (الموافو EN LUGAR DE الموافق / al-muwāfiq / *al-muwāfiq,* para expresar la relación entre el calendario gregoriano y el de la Hégira), o para palabras cuya representación gráfica se asemejaba más a un símbolo que a una mera unión de letras (ڢ EN LUGAR DE في / *fī*).

Es conveniente mencionar que para llevar a cabo la edición de la versión árabe del suplemento, hemos tenido que adoptar ciertos criterios a fin de establecer una línea sistemática de actuación que facilite al mismo tiempo la consulta y fácil lectura del suplemento original (*ver Anexo 1*).

Para cerrar este apartado dedicado a los aspectos visuales de nuestro suplemento bilingüe apenas nos resta dar unas breves pinceladas sobre *¡Solo Dios es Vencedor!* Repartida la información también en tres columnas y con un pequeño ribete decorativo a guisa de separador entre noticias, contrasta su cabecera más sobria en datos y en la que se omite toda la información presente en la versión árabe y en la cabecera general de *El Eco* relativa a domicilio del taller de redacción y administración, periodicidad de publicación del periódico, precio y condiciones. Junto al nombre veremos la fecha de emisión, la leyenda «Edición especial para Marruecos» y su identificación como traducción del número correspondiente.

Imagen 4: Cabecera de *¡Solo Dios es Vencedor!*

4. *Wa-lā Gālib illā Allāh*: contenido

El suplemento, en sus dos tenores árabe y español, se compone por lo general de un editorial, que ocupa la mayor parte o la totalidad del anverso de la hoja, y una sección de noticias e información de índole variada en el reverso. Tanto la una como las otras se redactaban de manera independiente al contenido del periódico semanal, que se ocupaba de cubrir asuntos más cercanos a la propia Ceuta. La excepción entre todos los ejemplares conservados la encontramos, no obstante, en el número 32 de *El Eco de Ceuta*, de 8 de octubre de 1883, donde se cubre la misma noticia tanto en el periódico como en su suplemento árabe-español: la biografía y progresos de los estudiantes marroquíes que acuden a la Academia de Ingenieros de Guadalajara[11].

---

11.   Sobre estos estudiantes puede verse Jesús Albert Salueña, «Las reformas del ejército marroquí en el siglo XIX y la participación española» en Francisco Javier Martínez Antonio e Irene

Pese a corroborar que ambas noticias en español —la del periódico y la del suplemento— son casi una réplica en la redacción, hemos notado también que esta última resulta un tanto más escueta y condensada como lo es también la versión árabe de esta noticia. Así leemos en el *El Eco de Ceuta* (p. 3): «concurriendo á todos los actos, con el mismo uniforme, excepcion hecha de los religiosos á los que, como es natural, excusaban su asistencia», mientras que leemos en *¡Solo Dios es Vencedor!* (p. 1): «concurriendo á todos los actos con el mismo uniforme; á excepcion, como es natural, de los actos religiosos» y en *Wa-lā Gālib illā Allāh* (p.1, trad. propia): «y visten el uniforme reglamentario y asisten a todas sus obligaciones a excepción de las religiosas». Podría justificar esta diferencia entre las versiones españolas el hecho de que la noticia del suplemento habría pasado por el tamiz de la traducción del árabe. A veces, sin embargo, cambios sutiles en la expresión o un detalle que se reproduce en la información publicada por *El Eco* y por *¡Solo Dios es Vencedor!* y desaparece en la versión de *Wa-lā Gālib illā Allāh* desmontan esta argumentación y nos lleva a preguntarnos cómo se desarrolló el proceso de redacción-traducción de todo este suplemento. Pero de este tema nos ocuparemos más adelante. También esta mayor concisión o incluso la supresión completa en las versiones árabe y española del suplemento de un párrafo final de esta noticia sobre los alumnos marroquíes tal y como se publicó en *El Eco* puede obedecer sencillamente a cuestiones —creemos— de disponibilidad de espacio.

Una última curiosidad sobre esta noticia reproducida a la vez en *El Eco* y en su suplemento bilingüe que nos habla del buen hacer de los responsables de este último y de cierta autonomía del periódico a la hora de tomar decisiones: tanto en la versión árabe como en la española agregan a cada fecha mencionada su correspondiente en el calendario de la Hégira, ausente en la versión española del periódico donde solo encontramos la fecha gregoriana; cambio del todo comprensible dado que el suplemento estaba destinado especialmente a la población de Marruecos. Pero fuera de esta crónica excepcional, insistimos, periódico y suplemento eran independientes en sus contenidos.

En cuanto a la temática abordada en los editoriales, resulta interesante comprobar la importancia que se le adjudica en particular al problema de la esclavitud[12]: tres de los siete números disponibles (31, 33 y 34) dedican su primera reflexión

---

González González (Coord.), *Regenerar España y Marruecos. Ciencia y educación en las relaciones hispano-marroquíes a finales del siglo XIX*, CSIC-Casa Árabe, Madrid, 2011. Sobre Ben Chocrón, colaborador de Julio Cervera en su viaje a Fez en 1884, véase la obra de este *Expedición al interior de Marruecos*, Valencia, 1909.

12. Sobre la posición española ante la esclavitud en Marruecos puede verse el interesante trabajo de Josep Lluís Mateo Dieste, «Imágenes y ambivalencias de la política española hacia la esclavitud en Marruecos (1880-1930)», *Historia y Política*, nº 31, 2014, pp. 255-280.

al tema, en donde se insta enérgicamente a la erradicación de una costumbre que «mancha con el lodo de imperdonable delito al que la practica» (*¡Solo Dios es Vencedor!*, nº 33, p. 3). Esta insistencia en el suplemento dirigido a Marruecos contrasta curiosamente con una carta al director de un lector residente en ese país que *El Eco de Ceuta* publica en su número 44 de 8 de enero de 1884, en la que se pone en entredicho la practicidad de las campañas periodísticas contra la esclavitud, y que viene a reafirmar esa independencia entre periódico y suplemento: «¿Cómo se pretende abolir la esclavitud de la raza de color en un país donde desde el mas opulento hasta el mas pobre habitante es verdadero esclavo del Sultan y sus satélites?» (p. 2).

Asimismo en estas primeras páginas hallamos un editorial sobre las últimas noticias acerca de las insurrecciones en Marruecos (nº 29) y otro sobre la importancia de la industria, el comercio y la agricultura en el desarrollo de un territorio (nº 26). Se salen de esta norma una primera plana dedicada a las novedades sobre el avance del cólera y los métodos necesarios para evitar su propagación (nº 24) y la citada crónica sobre los alumnos marroquíes en la Academia militar de Guadalajara (nº 32).

En cuanto a la sección de noticias varias, el suplemento se ocupaba de cubrir acontecimientos relacionados con numerosos países extranjeros como México, Alemania, Egipto, Francia, China, Turquía, Senegal o Italia, además de las concernientes a la propia España. La longitud de estos comunicados varía según el caso: mientras que unas se componen de varios párrafos, otras no superan unas pocas líneas. En esta sección, destaca en particular la cobertura de los siguientes temas[13]:

> Actualidad española (Formación del nuevo Consejo de ministros español, insurrecciones militares en la península).
>
> Política internacional (Formación del Consejo de Estado en Egipto, límites territoriales entre Turquía y Montenegro, repliegues militares).
>
> Diplomacia (Relaciones España-Francia, China-Francia, visitas diplomáticas).
>
> Economía (Precios de semillas y cereales en España, resultado de cosechas, creación de nuevos puertos en Marruecos).
>
> Ciencia (Erradicación del cólera, destilación de las mazorcas de maíz para la obtención de alcohol).

---

13. Para una consulta más detallada sobre los temas abordados, ver Anexo 2.

Sucesos (Descubrimiento de una mina de jabón, descubrimiento de una pesquería de perlas, siniestros marítimos por temporal, creación de vías férreas, reparación de comunicación por cable).

Avisos y comunicados (Instrucciones para establecer contacto con el periódico).

Por las dificultades que —como veremos— presentan a la hora de ser redactados en árabe o traducidos a esta lengua, resultarán especialmente relevantes los editoriales y los artículos de divulgación científica. El suplemento bilingüe de *El Eco de Ceuta* siguiendo la estela marcada desde mediados del XIX por varias revistas y periódicos españoles (Portela y Soler, 1979; Herrera Rodríguez, 1995, entre otros) se hará eco de novedades científicas con la sana intención, en una labor digna de encomio, de difundirlas entre un público que, además de no estar versado en la materia, presentaba dificultades para comprender ciertas estructuras y formaciones gramaticales y léxicas en su propia lengua.

4.1. ¿Un suplemento en «árabe vulgar»?

Como se ha mencionado con anterioridad, son varios los medios que aseveraron que *Wa-lā Gālib illā Allāh* había sido redactado en *árabe vulgar*, entre ellos, la propia redacción de *El Eco de Ceuta*: «Y salió nuestro primer suplemento escrito en árabe vulgar y dedicado expresamente á nuestros vecinos del Mogreb» (n° 20, 1883: 3). Asimismo, el periódico *El Día* se hacía eco de la «publicacion de un suplemento escrito en árabe vulgar, que circula gratis entre los marroquíes que muestren deseos de recibirlo» (n° 1189, de 5 de septiembre de 1883); y *El Correo Militar* celebraba la creación de un suplemento «en árabe vulgar y dedicado especialmente á los vecinos de Marruecos» (n° 2337, de 16 de julio de 1883). Del mismo modo, la inexistencia hasta ahora de un estudio exhaustivo de *Wa-lā Gālib illā Allāh* ha conducido a la extensión y consolidación del supuesto uso del *árabe vulgar* en la redacción del suplemento (Gómez Barceló, 2008: 15).

Por *árabe vulgar* —y ciñéndonos a la terminología utilizada en el siglo XIX— entendemos *árabe dialectal* y, en este caso en particular, *árabe marroquí*: «el idioma que se habla en los diferentes países musulmanes; pero no se escribe, al menos por personas instruidas, por ser una corrupción, más o menos sensible, del árabe *literal*, de cuyas reglas se desvía constantemente» (Lerchundi, 1872: V). Comprobamos, pues, que numerosos trabajos utilizaron la nomenclatura de *árabe vulgar* para referirse al árabe dialectal marroquí: *Manual del lenguaje vulgar de los moros de la Riff* (Albino, 1859); *Rudimentos del árabe vulgar que se habla en el Imperio de Marruecos* (Lerchundi, 1872); *Compendio de gramática de Árabe Vulgar y Vocabulario Hispano Árabe militar* (Santa Olalla, 1908), entre otros[14].

Hay que advertir que se nos antoja difícil considerar de inicio que por la mente de Rizzo o la de un marroquí de la época pasara la idea de redactar un periódico en árabe vulgar, entendido este como la variante de uso oral en ambientes informales y auténtica lengua materna de los habitantes de aquel país. El registro escrito formal, todo lo que vaya más más allá de unas notas personales, exigía de entrada para un árabe del XIX el uso del llamado árabe literal u «oficinesco», como lo describía el redactor de la noticia del diario *El Día* que citamos a propósito de la autoría de Rizzo de la hoja en árabe que nos ocupa. El árabe vulgar, como nos decía Lerchundi, «se habla… pero no se escribe».

Dicho esto y con una simple ojeada podemos comprobar que el suplemento *Wa-lā Gālib illā Allāh* no fue escrito en lo que entendemos como *árabe vulgar o dialectal*, sino en ese *árabe literal*[15]. Las pruebas son múltiples y evidentes. Por destacar algunas que hacen incompatible la identificación de la lengua usada con el dialectal marroquí, señalaremos la negación de los tiempos verbales con las partículas *lā*, para la negación del presente, o *lam* para la negación del pasado; la concordancia en femenino singular de adjetivos que acompañan a nombres de cosas o seres inanimados; el uso de la partícula *inna* encabezando oraciones nominales; el uso extendido del dual (*naŷlu-humā al-sulṭānayn al-maḏkūrayn*); el uso de los relativos (*allaḏī/allatī/allaḏīna*); el estado constructo o *iḍāfa*, e incluso de *iḍāfa* de calificación (*al-safāʾin al-ḥādiṯ istinbāṭi-him*, n° 34, p. 1) o construcciones sintácticas complejas características especialmente del árabe estándar (*al-manāl garaḍa-hā li-mamlakat Marrākuša*, n° 29, p. 1). Y en el nivel léxico, por ejemplo, llama la atención el recurso a dobletes sinonímicos propio del árabe literal (*min gayr imhāl o la tarāḥin* lit. sin demora ni relax, «prontamente», n° 34, p.1) o el uso de expresiones provenientes del árabe más clásico representado por el Corán (*sāra fa-suḥqan*, Q. 67:11, «se destrozó por completo», n° 33, p. 1).

---

14. Cabe reseñar, no obstante, que diversos estudios actuales intentan disolver la asociación directa que se ha forjado entre *árabe vulgar* y *árabe marroquí* (Aguilar y Bouhrass, 2010; Moscoso García, 2014), argumentando que el árabe marroquí ha ido adquiriendo a través de los años un estatus diferente que no se identifica necesariamente con el término *vulgar*.

15. Esta variedad del árabe puede identificarse con el llamado *árabe medio* o *ʿarabī al-wustà*, definido por J. Blau (1981) —su gran especialista— como la lengua que se caracteriza por estar formada de la mezcla de las desviaciones de las normas gramaticales del árabe clásico con el vocabulario e idiosincrasia del dialecto. Para más información sobre el citado árabe medio, consultar Moisés Garduño, «Corán y lengua árabe: entre dialecto, el árabe medio y el fuṣḥa» en *Estudios de Asia y África* XLVII, 1, 2012, pp. 153-177.

Sin embargo, y como es lógico imaginar, se trata de un árabe literal con problemas propios de su proceso de *aggiornamento* léxico y de su falta de estandarización y normalización en ese momento histórico; con algunos errores, posibles despistes del traductor que —recordemos—, pese a su dominio del árabe, no está traduciendo a su lengua materna y está enfrascado en la siempre difícil tarea de traducción inversa; y con interferencias del dialectal marroquí, acaso intencionadas en un afán de simplificar el árabe literal y de llegar con mayor facilidad a sus destinatarios, acaso fruto de la formación recibida y del contexto espacial en el que estos traductores vienen desarrollando su labor.

La impresión general que la lectura del suplemento árabe provoca no deja de ser de cierta extrañeza. Confesamos que algunos pasajes, por esta mezcla desigual de árabe literal con toques de árabe marroquí, salpicada unas veces de erratas y otras de errores, solo hemos podido entenderlos a la luz de la versión española. En otros, aunque se intuye qué se quiere decir, la redacción final resulta poco clara y convincente. Todo ello justifica a las claras la queja de los lectores marroquíes dirigida a la dirección del periódico quienes piden que se publique «en términos vulgares por no entender las frases gramaticales en que va redactado» recogida en el número 29 (1883: 4)[16].

No obstante, hay que mencionar en favor del traductor el hecho de que, para sortear la dificultad que pudieran entrañar algunos pasajes de *Wa-lā Gālib illā Allāh,* no duda en recurrir a la vocalización del texto. Si bien, por regla general y como es habitual en este tipo de publicaciones, este suplemento árabe no presenta los símbolos diacríticos de la vocalización, sí procede a la parcial o completa vocalización de las palabras en dos casos específicos:

> Por necesidad gramatical con objeto de eliminar ambigüedades. En este caso, resulta evidente el uso de la vocalización completa para aquellos verbos expresados en voz pasiva (*ḥurrirat, 'urifa,* nº 31; *'ukira, ujbira,* nº 33).

> En las transliteraciones de extranjerismos, antropónimos y topónimos, muchos de estos últimos utilizados como títulos y subtítulos de las noticias, con lo que la vocalización sirve al tiempo para asegurar una correcta lectura y para resaltarlos de manera gráfica.

Aunque fieles a ese árabe literal impreciso hemos apreciado que en ciertas ocasiones existen errores de vocalización, especialmente en las marcas de caso

---

16. Mostrados algunos pasajes a nativos marroquíes actuales han manifestado la misma perplejidad tras su lectura.

o *i'rāb* (*ujt malikuna* EN LUGAR DE *ujt malikina*, nº 29; *wa-inna allāh jalaqa al-insān muḥarrarun* EN LUGAR DE *wa-inna allāh jalaqa al-insān muḥarraran*, nº 34), lo que ya nos anticipa la presencia de errores, que pasamos a abordar en el próximo apartado.

4.2. Carencia de una estandarización y puesta al día en el *árabe de prensa*

Considerando que la prensa en la zona del Magreb fue consolidándose en el siglo XX, la creación de *El Eco de Ceuta* y de su suplemento se enmarca, pues, en un periodo en donde el denominado *árabe de prensa* no existía como tal. Esta falta de sistematización o estandarización en el uso de la lengua se hace evidente, por ejemplo, en los problemas con las transcripciones de los nombres extranjeros. Así, un mismo topónimo puede presentar diversas versiones, incluso dentro del mismo número de publicación. Tal es el caso del alemán *Munich*, cuya transliteración reza *Munīš*, y unos párrafos más adelante, *Munīs* (nº 29). Un caso similar ocurre con el nombre de Alemania, cuya terminación gráfica varía según el caso: unas veces se utiliza *tā'marbūṭa* (nº 26) y otras, *alif* (nº 33). Mientras que Europa, por su parte, ciertas veces adopta la manera actual, *Urūbba* (nº 34) y otras, carece del alargamiento vocálico, *Urubba* (nº 29 y 31).

Esta falta de normalización en la escritura del árabe se nota especialmente en la transliteración de aquellos nombres propios o préstamos que incluyen fonemas inexistentes en árabe y para cuya representación gráfica se han de incorporar nuevos grafemas provenientes, en su mayoría, del persa. Es el caso del fonema español /g/ que es representado con cinco grafemas diferentes: *gayn, ŷīm, qāf, kāf* y *ŷīm* de tres puntos, incluso cuando se trata de la transliteración de una misma palabra. Otro caso que corrobora esta observación es el del fonema /p/, representado como *bā'* en préstamos como *peseta* y mediante una *bā'* de tres puntos en la transliteración de *Perú*. A continuación se presentan algunos ejemplos extraídos del suplemento:

Transliteración	Palabra en árabe	Traducción	Nº
al-granja	الْقُرْنْخَة	La Granja	24, 26
riāgū	رياڤو	Calle de Riego	24, 26, 32
	رَيَاكُو		29, 31, 33, 34

gawāziṭ	قۏوازط	gacetas	26
	چوازط		31
bīgū	بِيقۏ	Vigo	29
tarragūnā	تَرَّكُونَا	(habas) tarragonas	31
	تَرَّقُونَا		32
aragūn/arāgūn	أرَقُونْ	Aragón	31
	أراكُونْ		33
al-furgāṭa	الفُرڭـاطة	la fragata	34
dūmīngas	دُومِينْڭَسْ	Domínguez	34
gūmas	كُومَسْ	Gómez	34
spātsīā	سـپَتْسِيَا	La Spezia	33
ripūblikat plāṭā	رِپُوبْلِكَة پْلَاطَا	República del Plata	33
pānamā	پَانَمَا	Panamá	33
pārū	پَارُو	Perú	33
al-sayyid puṣādā	السيد پُصَادَا	el señor Posada	34
turpādū	تُرْپَادُو	torpedo	34
paylabūṭ	پَيْلَبُوطْ	pailebot	34
bāl parāīsū	بَالْ پَرَ ايسُو	Valparaíso	34

Tabla 2: Uso de grafemas no árabes en préstamos y transliteraciones

Pero también son evidentes los casos en que sí existe correspondencia de fonemas. En el caso de la transliteración del español al árabe llama la atención el uso casi sistemático de *sīn* en lugar de *ṯā'* para transliterar el fonema /θ/, representado por los grafemas *z* y *c* en España: *ruwīs* EN LUGAR DE *ruwīṯ* (Ruiz)*, gūmas* EN LUGAR DE *gūmaṯ* (Gómez)*, lūbas* EN LUGAR DE *lūbaṯ* (López)*, dūmīngas* EN

43

LUGAR DE *dūmīngaṯ* (Domínguez), *balkarsal* EN LUGAR DE *balkarṯal* (Valcárcel), *kunsabsiyūn* EN LUGAR DE *kunṯabṯiyūn* (Concepción), *dāsyā* EN LUGAR DE *dāṯyā* (Dacia), n° 34.

Podremos acercarnos al porqué de este fenómeno si tomamos en consideración dos características: el hablante de árabe marroquí, en su lengua materna, rara vez pronunciará la letra *ṯā'* identificándola con el fonema /θ/, sino más bien asimilándola a una *tā'* (Lerchundi, 1872: 3); el hablante ceutí, por su parte, comparte las características lingüísticas de las hablas andaluzas occidentales (Rivera Reyes, 2011: 183), entre las cuales se encuentra el seseo. Encontramos, sin embargo, casos en los que se mantiene el uso de la *ṯā'*, como sucede con el topónimo de Santa Cruz de Tenerife: *sānṯā krūṯ datanarīfā* (n° 34). "Otro cambio interesante y digno de mención se refleja en la transliteración al árabe del topónimo español *Mahón* (n° 34) que, pudiendo haber sido transliterado de manera exacta, se recurrió sin embargo a la transliteración *mā'ūn*, donde la *h* se convierte —innecesariamente— en la letra *'ayn*, inexistente en el alfabeto español".

Además de los casos en que los topónimos presentan una variación relacionada con los alargamientos vocálicos o algunos cambios grafémicos, hemos de considerar asimismo aquellos que presentan una diferencia en cuanto a determinación: para Egipto, se utiliza tanto *Miṣr* (n° 26, 32 y 34) como *Al-Miṣr* (n° 26 y 31); para China (*sic* por Cochinchina), tanto *Sind* (n° 33) como *Al-Sind* (n° 29 y 31); y para Senegal, tanto *Šangāl* (n° 26) como *Al-šangāl* (n° 26)[17].

Se observan también cambios entre *alif* y *alif maqṣūra* en la escritura final de palabras: *yastagnā* EN LUGAR DE *yastagnà* (n° 26); *yata'allā* EN LUGAR DE *yata'allà* (n° 31); *al-a'lā* EN LUGAR DE *al-a'là* (n° 33); *al-qurā* EN LUGAR DE *al-qurà* (n° 34). Por otra parte, encontramos ejemplos que nos señalan la poca sistematización a través de la propia corrección del editor a lo largo de los números del suplemento: en un primer momento vemos que la divisa *peseta* es escrita con *ṣād* (*baṣīṭa*, n° 26), unos números más tarde lo hará con *sīn* (*basīṭa*, n° 29), tal y como lo recoge Fray José Lerchundi en su *Vocabulario español-arábigo del dialecto de Marruecos* (1892).

Cabe destacar asimismo la poca sistematización en el uso del par *nibra+hamza/ yā'*, ya que son numerosos los casos en que —como en el dialectal— se utiliza la segunda en lugar de la primera, especialmente en los esquemas de participio activo *fā'il* y en los plurales del tipo *mafā'il*:

---

17. Para lista completa de topónimos, ver Anexo 3.

hamza/yā' (*al-kāyina* EN LUGAR DE *al-kā'ina*, nº 24; *ḥawāyiŷ* EN LUGAR DE *ḥawā'iŷ*, nº 24, 31 y 34; *al-jalāyiq* EN LUGAR DE *al-jalā'iq*, nº 24 y 34; *al-fāyiq* EN LUGAR DE *al-fā'iq*, nº 31, 32 y 34).

Si todos estas fluctuaciones ortográfico-fonéticas podían sembrar la perplejidad en el lector árabe, más aún lo haría la introducción de neologismos[18] en forma de préstamos de otras lenguas o de términos de nuevo cuño en árabe con los que —en un esfuerzo encomiable del redactor/traductor, pero no siempre clarificador— se pretende plasmar de la forma más fehaciente posible aquellos términos referentes a avances científicos o militares que —entendemos— serían del todo incomprensibles para un lector marroquí de finales del XIX. Baste como ejemplo el término *electricidad* que el traductor opta por transliterar al árabe como *al-alaktriṯidā,* y que intenta explicar con una definición cuya traducción es en sí un desafío e ilustra la perplejidad que podía provocar en el lector árabe de la época: «elemento no material, sutil, volátil, luminoso, oculto que se encuentra en todos los cuerpos» (nº 33).

4.3. Errores e interferencias del dialectal

Quizá haya que comenzar este apartado señalando la dificultad de separar errores derivados de un desconocimiento del árabe literal, de su falta de estandarización o de un simple despiste con aquellos errores provocados por interferencias del árabe dialectal.

Pese a ello, podemos citar entre los descuidos de redacción en árabe literal aquellos problemas relacionados con las reglas de concordancia, en particular —aunque no siempre—, el uso del plural sano en lugar del femenino singular para hacer referencia a cosas y seres inanimados: *al-marākib allaḏina ya'ūmūn* EN LUGAR DE *al-marākib allatī ta'ūm* (nº 33, p. 2); *taḥṣīl istifād haḏihi-l-'anāṣir bi-iŷtimā'i-him* EN LUGAR DE *taḥṣīl istifād haḏihi-l-'anāṣir bi-iŷtimā'i-ha* (nº 26, p. 1). En ocasiones, incluso, mezcla ambas concordancias en una misma frase: *marākib al-dawla al-mu'idda li-l-ta'līm jaraŷū* (nº 26). Lo mismo sucede con el género de determinados sustantivos: *tilka-l-maraḍ* EN LUGAR DE *ḏalika-l-maraḍ,* nº 24; *fī bayt maglūqa* EN LUGAR DE *fī bayt maglūq,* (nº 24).

En este grupo también podemos incluir erratas de escritura por confusión de grafemas, entre los que no es infrecuente encontrar especialmente aquellos que representan fonemas enfáticos, fricativos o guturales:

---

18.   A los préstamos y neologismos dedicaremos un apartado extenso en el siguiente capítulo.

ṣād/sīn (*qiṣma* EN LUGAR DE *qisma,* n° 26[19]; *ṣawāḥil* EN LUGAR DE *sawāḥil,* n° 24; *maḥjūṣ* EN LUGAR DE *maḥjūs,* n° 24; *ṣurʿa* EN LUGAR DE *surʿa,* n° 29); *ḏāl/ḍād/dāl* (*ḏiyāfa* EN LUGAR DE *ḍiyāfa,* n° 34; *arāḍa* EN LUGAR DE *arāda,* n° 26); *qāf/kāf* (*tudriq* EN LUGAR DE *tudrik,* n° 29).

Pero de lo que no hay duda es de que se trata de un árabe literal bajo la influencia —más o menos intencionada— del dialectal marroquí[20]. Su sombra es evidente, en primer lugar, en el plano léxico. El uso de vocabulario propio de Marruecos o dialectalismos es constante: *zanqa* = calle; *ṭāqa* = ventana; *ṣāba* = cosecha; *ṣaʿība* = difícil; *šatwa* = invierno[21].

En segundo, e insistiendo en la dificultad de separar en ocasiones estas interferencias de simples errores en literal, en el plano morfosintáctico:

Uso invariable de la terminación de caso oblicuo -*īn* para los plurales sanos masculinos.

Concordancias en género y número plenas (verbo-sujeto, sustantivo-adjetivo, pronombres, etc.) frente a las reglas de concordancia restrictivas del árabe literal (*wa-šahadū ḥarrāṭīn* EN LUGAR DE *wa-šahada ḥarrāṭūn,* n° 33; *yaŷtamiʿū mušāwirīn* EN LUGAR DE *yaŷtamiʿu mušāwirūn,* n° 32).

Conjugación de los verbos 1ª persona del plural de acuerdo con las reglas del dialectal (*nṭelbū/naṭlubū* EN LUGAR DE *naṭlub,* n° 29).

Uso de la conjunción disyuntiva *wā-lā/wū-lā* EN LUGAR DE *aw* (n° 24).

Uso del esquema verbal del dialectal marroquí *ttāʿal*[22] para la correspondiente forma VIII de los verbos asimilados del árabe literal (*ttāfaq/yittāfaq* EN LUGAR DE *ittafaqa/yattafiqu*): *muttāṣil* EN LUGAR DE *muttaṣil*; *muttāsiʿa* EN LUGAR DE *muttasiʿa* (n° 26).

---

19. El hecho de que, por ejemplo, la palabra *qisma* solo aparezca con *ṣād* en el número 26, nos confirma que debemos clasificar este ejemplo como errata del redactor.

20. Para una descripción del árabe marroquí contemporáneo a nuestro periódico, puede verse el clásico Lerchundi (1872). Para una más actual cfr. p. ej. Herrero Muñoz-Cobo (1998) o Moscoso García (2004).

21. Para la lista más amplia de voces marroquíes, ver Anexo 4.

22. Según Moscoso (2004: 98-100) el árabe marroquí carece de forma VIII e identifica *ttāfaq/yittāfaq* como forma VI de una raíz asimilada con sentido de reciprocidad y también mediopasivo. Más información sobre la morfología del verbo en árabe marroquí en el sitio web que Francisco Moscoso dedica a su estudio: <http://www.arabemarroqui.es/Gramatica.html>.

Y por supuesto en el plano fonético-grafémico, de modo que la pronunciación del dialectal queda reflejada en la escritura, contraviniendo la norma clásica. En este apartado puede englobarse la constante neutralización de las enfáticas (fonemas consonánticos velarizados) o la confusión entre ellas:

> *ḍāḍ/dāl* (*ba'd* EN LUGAR DE *ba'ḍ*, nº 26; *ta'rīd* EN LUGAR DE *ta'rīḍ*, nº 29 y 33); *ṭā'/tā'* (*tamān* EN LUGAR DE *ṭamān*, nº 26); *ṣāḍ/sīn* (*šajṣayn* EN LUGAR DE *šajṣayn*, nº 32); *ṭā'/tā'* (*šaḥata* EN LUGAR DE *šaḥaṭa*, nº 33); *ẓā'/ḍāḍ* (*yaḍhar* EN LUGAR DE *yaẓhar*, nº 24; *lafḍ* EN LUGAR DE *lafẓ*, nº 33; *galīḍ* EN LUGAR DE *galīẓ*, nº 34)[23].

A este mismo apartado de alteraciones grafémicas por posible influencia de la pronunciación del dialectal pueden pertenecer también la aparición de una vocal larga *ā/ū* no etimológica para marcar de forma gráfica el acento tónico o vocal estable en marroquí en los siguientes casos:

> En casos de verbos asimilados en imperfectivo: *yāqa'u* EN LUGAR DE *yaqa'u*; *yāsa'u* EN LUGAR DE *yasa'u* (nº 24); *yāŷibu* EN LUGAR DE *yaŷibu* (nº 29, 31 y 34); *yāqifu* EN LUGAR DE *yaqifu* (nº 34).

> En contacto con una reduplicación: *ayyāda-hu* EN LUGAR DE *ayyadahu* (nº 26 y 32); *bi-l-lūga* EN LUGAR DE *bi-l-luga* (nº 29).

> En plurales del tipo *fu'ul*: *kutūb* EN LUGAR DE *kutub* (nº 31); *mudūn* EN LUGAR DE *mudun* (nº 32).

Un último ejemplo dentro de este apartado lo constituye el uso gráfico explícito de *sukūn* en lugar de la correspondiente declinación de caso —o bien la omisión de cualquier marca— para señalar el término de una oración o de un sintagma sobre el cual se pretenda llamar la atención, imitando el uso oral de la lengua (*bi-l-magrib; mitla-l-ān*).

En conclusión, la redacción del suplemento *Wa-lā Gālib illā Allāh* vista como un todo se acerca más a un árabe literal o árabe de prensa con toques dialectales —en ese afán de acercar los contenidos a los lectores— que a lo que ahora entendemos como árabe vulgar o dialectal. Redactado con claridad y flexibilidad de estilo según el tema, no deja de mantener un nivel lingüístico acorde al contexto periodístico e incluso ubicado a la altura de la prensa en español.

---

23.   Para una lista completa de cambios en las radicales enfáticas, ver Anexo 5.

5. La lengua del suplemento en español: *¡Solo Dios es vencedor!*

Los primeros textos de *¡Solo Dios es Vencedor!*, consistentes en reflexiones sobre temas de interés social tales como la esclavitud o el cólera, estaban redactados en un español que —si bien propio de la época— en la prensa actual podría considerarse intrincado y oscuro: párrafos extensos compuestos por una sola oración y varias proposiciones subordinadas y coordinadas formando parte de una misma oración, tal y como ejemplificamos (*¡Solo Dios es Vencedor!*, nº 33, 1883: 1):

> Pero en las modernas sociedades en que el progreso de las ideas, ha conseguido hacer reconocer á todos la libertad humana, como indiscutible enunciacion divina de sus derechos; que no debe, que no puede ningún hombre contrarrestar sin colocarse en abierta contradiccion con las leyes del Eterno en que los principios admirables de caridad hacen ver en cada criatura un semejante digno de nuestra consideracion y acreedor á nuestro respeto; en los pueblos cultos en que gracias á las ventajas de la civilzacion actual, no podrá nacer proyecto grande por imponente que sea y por imposible que, á primera vista su ejecucion parezca que no puede realizarse casi sin la intervencion del brazo humano, utilizando la potencia del vapor, de la electricidad, del calor, del aire, verdaderos e inagotables manantiales de fuerza, que hemos conseguido dominar, obligándolos á poner en movimiento máquinas capaces de ejecutar, con inmensa economía, las más colosales obras, y de llevar á cabo con sus ingeniosos mecanismos los más asombrosos artificios; no concibe la razon y no se esplica [*sic*] que la horrible esclavitud y el bárbaro comercio de seres humanos aún subsista.

Del mismo modo, la ortografía de la lengua española desde 1883 hasta nuestros días ha variado, si bien no considerablemente, sí en determinadas cuestiones. Dichas variaciones resultan fácilmente observables en la redacción de *¡Solo Dios es vencedor!* En lo sucesivo se ejemplificarán brevemente los casos más llamativos:

> Uso de tildes en preposiciones (*á*; *ó*; *é*) y en vocablos varios que actualmente no la necesitan, especialmente monosílabos y palabras llanas (*órden, ménos, hé, grátis, pié*).

> Carencia de tilde en palabras agudas (*tripulacion, sultan, condicion, concentracion, contradiccion, conducira*).

> Confusión entre los grafemas *j* y *g* al representar el fonema /x/ (*viage, legía, extrangero, gerarquía, sujestiones*); uso del grafema *s* para representar el grafema *x* (*esplicarse, estremeños, estensa, estension*).

Otro de los aspectos que consideramos relevantes es la transliteración al español de nombres originales árabes. En este ámbito, tampoco encontramos una sistematización regular y, si bien existen ciertas normas que definen el procedimiento adoptado, el modo de transliterar en *El Eco de Ceuta* no coincide necesariamente con el utilizado en *¡Sólo Dios es vencedor!* Tal es el caso de la noticia que versa sobre los tres estudiantes marroquíes de la Escuela de Ingenieros de Guadalajara (nº 32) que, habiendo sido publicada tanto en el periódico como en el suplemento, difiere en cuanto a las transliteraciones: *šaqrūn* (suplemento: *Schakrim*/periódico: *Shucron*); *Al-Tahāmī* (suplemento: *Tahame*/periódico: *Tahamed*); *al-Qurān* (suplemento: *Corán*/periódico: *koran*).

Tampoco encontramos una sistematicidad completa en cuanto a las transliteraciones de sonidos árabes ajenos al sistema fonológico español, sino un conjunto de diversas posibilidades que parecen seguir las costumbres de transliteración del árabe a otras lenguas europeas. La siguiente tabla muestra la correspondiente relación entre los sonidos ajenos al sistema español y su transliteración en *¡Solo Dios es Vencedor!*[24]:

Grafema	Ejemplo en árabe	Transliteración	Ejemplo en español	Nº
ج *ŷīm*	(حاجّ) ج *ḥāŷŷ*	ch	Hach	29, 32
	جدّة *ŷadda*	j	Jedda	34
ح *ḥā'*	الحسن *al-ḥasan*		Hassan	29
	محمد Muḥammad	h	Mohamed	31, 32
	حديدات *ḥadīdāt*		Hadeidad	34
ز *zāy*	زَعَيْرٌ *za'ayr*	s	Sahié	29
	الوزاني *al-wazzānī*		de Wassam	31
	غازي *gāzī*	z	Ghazi	33

24. Los fonemas omitidos se deben a la ausencia de ejemplos de transliteración.

	شريف *šarīf*		Scheriff/Scherif	29, 31
	شقرون *šaqrūn*	sch	Schakrim	32
	الشدادي *al-šadādī*		Schedadi	32
	بالعرائش *bi-l-'arā'iš*		en Larache	31
ش **šīn**	اربيش *irbīš*		Erbich	31
	نيشان *nīšān*	ch	Nicham	33
	شفقات *šafqāt*		Chefkat	33
	باشا *bāšā*		Pachá	33
		j	Baja	32
	شريف *šarīf*	sh	Sherif	32
ص **ṣād**	صواقِم *ṣawāqim*	s	Soukim	34
	عبدة *'Abda*		Abda	26
ع **'ayn**	بالعرائش *bi-l-'arā'iš*	a	en Larache	31
	عبد السلام *'Abdu-l-salām*		Abd-Eslam	32
	العثمانية *al-'uṯmāniyya*	o	del Osmane	33
	زَعَيْرْ *za'ayr*	h	Sahié	29
غ **gayn**	الغرب *al-garb*	g	el Garb	26
	غازي *Gāzī*	gh	Ghazi	33
	قبيلة *qabīla*		kábilas	29

	السقة *al-saqa*		Assaka	31
ق **qāf**	شقرون *šaqrūn*	k	Schakrim	32
	قاسم باي *qāsim bāy*	c	Kiazimbey	33
	شفقات *šafqāt*		Chefkat	33
	القرآن *al-qurān*		Corán	32
ه **hā'**	التهامي *al-tahāmī*	h	Tahame	32

Tabla 3: Transliteración de fonemas ajenos al sistema español

Notamos a través de estos ejemplos que existen unas ciertas reglas tácitas para la transliteración al español, a pesar de las variantes que pueda haber para cada grafema árabe, a saber:

ŷīm: los *Rudimentos* (1872) de Lerchundi aconsejan utilizar el grafema *y*, pero más tarde —en su *Diccionario* (1892)— se corregirá y agregará la variante *ch*, si se ubica a final de palabra. Vemos en el ejemplo que esta regla se cumple; no obstante, el grafema utilizado en el tercer caso es *j* (pronunciación inglés/francés).

zāy: esta variante sonora, normalmente representada por el grafema *z* (pronunciación de /z/ en inglés y de /s/ en francés), toma asimismo la variante *s*.

šīn: en este caso, Fray Lerchundi aconseja el grafema *x* (pronunciación gallego/catalán), pero la ya existencia de dicha letra en el alfabeto español, con su correspondiente pronunciación [ks], podría llevar a equívoco. Se utilizarán en este caso varias opciones: los dígrafos *ch* (pronunciación francés) y *sh* (pronunciación inglés), o bien el trígrafo *sch* (pronunciación alemán) para el fonema /ʃ/.

ṣād: no se diferencia de la transliteración para *šīn*.

ʿayn: la consonante va acompañada de las vocales cortas *a* y *o*, por lo que se optó por transliterar solo dichas vocales, neutralizando el sonido consonántico. Solo en un caso se ha utilizado la letra *h*, lo que nos recuerda la ya mencionada confusión entre estos dos fonemas en la transliteración al árabe de *Mahón*.

gayn: la opción más natural coincide con la letra española *g*. Vemos sin embargo el uso del dígrafo *gh*, típico en las transliteraciones al inglés y al francés.

qāf: tanto los *Rudimentos* (1872) como el *Diccionario* (1892) de Lerchundi recomiendan la transliteración por la letra *k*. Observamos que así es como se procede, excepto para el caso de *Corán*, que podemos entender como una traducción ya asentada.

Resulta asimismo interesante analizar aquellas transliteraciones al español que, si bien existen en ambos alfabetos y por tanto podrían encontrar fácilmente su correspondiente fonema, se transliteran utilizando métodos ajenos a la lengua meta, como puede ser el uso de dobles o triples consonantes más características de otras lenguas (*Riffeño, Scheriff*), o simplemente con fonemas diferentes a los que por lógica corresponderían.

Grafema	Ejemplo en árabe	Transliteración	Ejemplo en español	Nº
ث *ṯā'*	العثمانية *al-'uṯmāniyya*	*s*	del Osmane	33
خ *ǰā'*	مختار *mujtār*	*k*	Mouktar	33
س *sīn*	الحسن *al-ḥasan*	*ss*	Hassan	29
	عبد السلام *'abdu-l-salām*	*s*	Abd-Eslam	32
	قاسم باي *qāsim bāy*	*z*	Kiazimbey	33
ف *fā'*	- 	*ff*	riffeño	26
	شريف *šarīf*		scheriff	29
	شريف *šarīf*	*f*	scherif	31

Tabla 4: Transliteraciones poco comunes al español

ṭā': el ejemplo extraído del suplemento representa, en este caso, una traducción/adaptación del nombre, no así una transliteración. Sin embargo, resulta interesante la correspondencia de *ṭā'* con la letra *s*, análoga a aquella referente al seseo que hemos mencionado anteriormente en cuanto a transliteraciones del español al árabe.

jā': el alfabeto español contiene la *j*, que corresponde a este fonema árabe y que el inglés suple con el dígrafo *kh*. Suponemos que el uso de *k*, en este caso, responde a la transliteración al inglés modificada posteriormente.

sīn: a pesar de contar con su análoga *s*, vemos varios usos. Uno de los motivos, en este caso, puede encontrarse simplemente en el hábito y las costumbres establecidas al transliterar nombres propios.

fā': si bien este fonema tiene su correspondiente español directo, llama la atención el uso del dígrafo *ff* en ciertos casos.

Todas las características que hemos venido describiendo, tanto de *El Eco de Ceuta* en general como de *Wa-lā Gālib illā Allāh* y *¡Solo Dios es vencedor!* en particular incidieron de una manera u otra en las decisiones que hubo de tomar el traductor, o bien fueron fruto de ellas. Tras este análisis descriptivo, daremos paso al estudio de las características del proceso de traducción en el que se vio inmerso el suplemento ceutí.

CAPÍTULO III

WA-LĀ GĀLIB ILLĀ ALLĀH:
ESTUDIO TRADUCTOLÓGICO

1. Un posible caso de direccionalidad ficticia

La historia nos ha mostrado que las traducciones no siempre persiguen un objetivo evidente. En algunos casos, por ejemplo, se ha presentado un escrito original como si de una traducción se tratase, pero de cuyo texto origen nada se sabe ya que, aunque el destinatario lo desconozca, no existe (*pseudotraducciones*, *pseudotranslations* o *fictitious translations* [Toury, 2005: 4]). El objetivo no es otro que provocar quizás una mayor tolerancia y aceptación a cualquier tipo de actitud que se aleje de los cánones sociales establecidos en la cultura meta, ya que el texto es considerado *extranjero* (Toury, 2005: 4).

En el caso que aquí nos concierne, no podríamos hablar de pseudotraducciones ya que la redacción de *El Eco de Ceuta* presenta al lector un texto origen y un texto meta. No obstante, sí podemos adentrarnos en lo que se ha dado en llamar *direccionalidad ficticia* (Arias y Feria, 2012: 342), consistente en presentar al lector los dos textos, el origen y el meta, pero haciendo pasar el original por la traducción, y la traducción por el original. Este fenómeno parece haber sido bastante usual en la historia de la traducción y la interpretación en los años del protectorado español en Marruecos. Prueba de ello fue el *Boletín Oficial de la Zona*, «publicación en la que los textos legislativos supuestamente originales en árabe —por haber sido producidos por la autoridad indígena—, en numerosas ocasiones no eran sino traducciones al árabe de un original español producido por la autoridad colonial» (Arias y Feria, 2012: 342).

Una primera mirada al suplemento bilingüe nos induce a pensar que la publicación ha sido redactada en árabe y traducida posteriormente al español. La propia redacción de *El Eco de Ceuta* se ocuparía de convencernos de ello a través de indicios más o menos explícitos: mientras que el número de publicación del suplemento árabe se introduce con la palabra *al-'adad* (*número*), el suplemento español reza «Traducción correspondiente al nº». Asimismo, las comunicaciones emitidas acerca del suplemento ponen en evidencia el supuesto carácter original de la versión árabe, mientras que se refiere continuamente a la versión española como su traducción: «D. Emilio Palanco y Grima, ha cesado, desde este número, de ser copiante de la hoja autógrafa, traducción de la que escrita en árabe circula por Marruecos» (*El Eco de Ceuta,* nº 39, p. 3). Incluso las notificaciones emitidas en el propio suplemento persiguen el mismo objetivo: «Al mismo tiempo ha decidido el Consejo de Administración de "El Eco de Ceuta" que la tirada de su suplemento en árabe tenga igual número de ejemplares traducidos al español» (*¡Solo Dios es Vencedor!,* nº 26, p. 3). Son, sin embargo, mucho más numerosos los ejemplos que contradicen esta idea, y que trataremos más adelante.

No olvidemos que *El Eco de Ceuta* pretendía proclamarse decano de la prensa árabe en la zona gracias a la publicación de su suplemento bilingüe. Y aunque de hecho lo fue, como hemos visto, la adjudicación de un logro tal no podría mantenerse acaso con la misma solidez de haberse admitido que el suplemento árabe no era sino una mera traducción del español. Era conveniente sin duda presentarlo como texto original redactado en esa lengua y destinado a los habitantes del imperio vecino, y a *¡Sólo Dios es Vencedor!,* como versión traducida del primero. De esta manera, nadie podría poner en tela de juicio la legitimidad del suplemento como decano de la prensa árabe en la región.

A la vista del simple cotejo de las versiones árabe y español del suplemento, podemos asumir que, en alguna medida, la direccionalidad pregonada por *El Eco de Ceuta* habría de ser la verdadera (árabe-español). No es difícil rastrear fragmentos en los que la coincidencia de contenido y, hasta cierto punto, de forma, permiten defender sin problema esta posición. Como muestra valga un simple ejemplo extraído del suplemento:

Nº	Árabe (trad. propia)	Español
31 (p.2; c.3)	Se informó desde la península sobre la creación de un vapor de tierra desde la ciudad de Málaga hasta la ciudad de Algeciras, con desvío en Gibraltar.	Tenemos noticias de la península sobre el proyecto de una vía-férrea desde Málaga á Algeciras, con desvío de Gibraltar.

Tabla 5: Correspondencia de traducción en contenido y forma

La confirmación del texto árabe como presunto original vendría corroborada además por la existencia de información presente solo en este que ha desaparecido de la versión española. Los ejemplos de este plus de información en árabe omitida en español son escasos. Apenas hemos localizado dos casos de noticias en árabe de los cuales no hallamos indicio alguno en *¡Solo Dios es Vencedor!* sin que sepamos a ciencia cierta la razón de su omisión:

Nº	Árabe (trad. propia)
24 (p.2; c.3)	Los arquitectos continúan con la construcción de los muros de Ceuta y estudian fijar cañones de larga distancia.
31 (p.2; c.2)	Durante su estancia en Cabo Juby, según hemos sabido por uno de los enviados de España y Marruecos, un individuo musulmán resultó herido por un fusil. El herido se revolcaba en el suelo a causa del dolor, pues el médico inglés que acudió, Mister McKinsey, no lo atendió ni se preocupó por él. Todos los presentes mostraron su enfado y reprendieron al médico, pues su obligación es tratar a los siervos de Dios, ya sea protegiéndolos o haciendo uso de sus habilidades.

Tabla 6: Omisión de noticias completas en ¡Solo dios es Vencedor!

Algo más frecuentes y útiles a nuestro propósito de ilustrar la direccionalidad árabe-español de la traducción de nuestro suplemento son aquellos casos en los que *Wa-lā Gālib illā Allāh* ofrece una versión más extensa que *¡Solo Dios es vencedor!* de una misma noticia, por lo general una crónica de una noticia internacional, como la relativa a los incidentes que se produjeron durante la visita de Alfonso XII a Francia:

Nº	Árabe (trad. propia)	Español	Nº
32 (p.2; c.2)	El Gobierno español ha solicitado del de Francia cumplidas e inmediatas satisfacciones por los insultos al rey, Dios le ayude, en su paso por aquel país.	El Gobierno español ha solicitado del de Francia cumplidas é inmediatas satisfacciones.	32 (p.2; c.1)
33 (p.2; c.3)	han demostrado su descontento por los insultos proferidos por los franceses a su Majestad el Rey de España durante su visita a París	Ha dedicado preferente interes á los acontecimientos de Paris	33 (p.2; c.3)
34 (p.2; c.3)	Se ha hecho una reunión para neutralizar la contrariedad surgida entre españoles y franceses por las descortesías del populacho francés a la visita de Alfonso	En dicha reunión se trató exclusivamente de dar una muestra de simpatía de los franceses á los españoles	34 (p.2; c.2)

	XII —Dios le ayude— a quien le será dispensada la mayor hospitalidad por las autoridades del país, según declaró su embajador en Madrid a la hora de partir el rey.		

Tabla 7: Omisión I de fragmentos de noticia en *¡Solo dios es Vencedor!*

En un intento de explicar los motivos para este fenómeno de omisión, hemos descartado que se trate de una cuestión referida a la disponibilidad de espacio físico, ya que en todos los casos comentados restaba espacio suficiente. Podemos conjeturar que posibles motivos relacionados con la discrepancia de ideales entre la redacción de *El Eco* —recordemos, de ideología liberal— y la autoridad gubernamental fueran los que llevaran a esta descarada omisión de información; si bien esto no les impediría publicarla en la versión árabe. Por otra parte, seguimos manteniendo que la presencia de noticias más detalladas en *Wa-lā Gālib illā Allāh* reivindica con mayor intensidad la posición ya ganada del periódico como decano de la prensa árabe en Marruecos.

Otro ejemplo de información más reducida en español, que implicaría que este no podía haber sido nunca el original para la traducción al árabe, lo tenemos en el relato de un terremoto acaecido en Italia:

Nº	Árabe (trad. Propia)	Español	Nº
24 (p.2; c.3)	El terremoto ha destruido las casas y todos las edificaciones hasta convertir el lugar en un montón de escombros. En el momento en que retumbaba el terremoto todos los cafés y lugares de reunión de la ciudad estaban iluminados por lámparas. La sacudida derramó el aceite de las lámparas que prendió todo. Luego vinieron gentes de Nápoles y atendieron a los heridos.	El terremoto ha destruido la fachada que estaba llena de touristes. No queda en pié una sola cosa; los hoteles, los establecimientos de baños, las iglesias y las casas particulares, todo se ha venido abajo y no es mas que un inmenso monton de escombros.	24 (p.2; c.3)

Tabla 8: Omisión II de fragmentos de noticia en *¡Solo dios es Vencedor!*

Ambos ejemplos confirmarían la existencia de una fuente de información original —en español u otro idioma— a partir de la cual se han extraído los datos para redactar el suplemento árabe que a continuación se traduce al español, lo que Toury (1995: 34) llama *compilative source text* (original compilado).

No obstante la no completa exactitud entre la información presente en la primera parte de ambas versiones de esta última noticia implicaría —en caso de aceptar el árabe como original— una excesiva libertad del traductor al español, e incluso nos sugiere que más que una traducción directa *per se,* la versión española podría ser considerada como una *segunda redacción* que tuviera como referentes la noticia en árabe pero posiblemente también la fuente o fuentes originales de donde se había tomado, lo que permitiría añadir o matizar algunos detalles de la noticia.

Frente a estos argumentos que probarían la supuesta direccionalidad árabe-español se multiplican, como veremos enseguida, los ejemplos en los que la información contenida en la versión española va más allá de un simple matiz y sugieren que esta es, en realidad, el original que luego se traduce al árabe. Este hecho parece más que evidente en el supuesto de las noticias de divulgación científica y en las reflexiones editoriales que encabezan cada número: lo que se presenta como traducción española, textos de carácter más extenso, de estilo más cargado y vocabulario más complejo, es en realidad el original del que se ha sacado la versión árabe simplificando, resumiendo y omitiendo datos.

Nº	Español	Árabe (trad. Propia)	Nº
24 (p.1; c.2)	Si no hay aparatos para esto, los colchones serán extendidos en sillas en un cuarto cerrado y expuestos durante veinticuatro horas á los vapores resultantes de la combustion de 30 gramos de azufre en flor (que cuesta 50 céntimos) para un cuarto que tenga cuatro metros de largo, tres de ancho y tres de alto. En la casa donde haya un colérico, dos veces al día, se tirarán en el escusado dos litros del licor azul ó dos tazas pequeñas de cloruro de cal disuelto en dos litros de agua.	Si no se encuentra un lugar para secarlos, se pondrán en un cuarto cerrado y expuestos al vapor del azufre por veinticuatro horas. En la casa donde haya un enfermo, se tirará en el escusado, dos veces al día, dos litros del preparado o dos tazas de cloruro.	24 (p.1; c.3)

Tabla 9: Omisión III de fragmentos de noticia en *Wa-lā Gālib illā Allāh*

En otras palabras, para explicar el proceso de redacción-traducción de *Wa-lā Gālib illā Allāh/¡Solo Dios es vencedor!* cabe barajar la combinación de dos posibilidades:

1) La redacción en árabe, tomando como fuente la información aparecida en otros medios —nacionales o internacionales— de noticias (por lo general crónicas) que luego se traducen al español. En el propio suplemento encontramos alusiones a diversas fuentes informativas: la *Gaceta de Colonia* (n° 26), que suministra información sobre el establecimiento de factorías alemanas en África; el *Daily-Chronicle* (n° 29), de París, que informa sobre movimientos estadounidenses en el extranjero; el *Standard* (n° 29), periódico inglés del cual se extrae información referente a Turquía; *La Justice* (n° 34), periódico francés, que informa sobre sucesos en Túnez; y el *Pall Mall Gazette* (n° 34), de Londres, que comunica los movimientos de las fuerzas británicas en Egipto. Además el periódico ceutí se hacía eco del desarrollo de los acontecimientos a nivel nacional a través de la prensa española que llegaba a la ciudad y a través del contacto continuo e intercambio de información con otros periódicos nacionales.

2) La redacción en español de editoriales o de artículos de divulgación científica (estos posiblemente a partir de las mismas fuentes que la crónicas) que se traducen al árabe. En este caso la versión en español que publica *¡Solo Dios es Vencedor!* es el texto origen y la versión árabe que publica *Wa-lā Gālib illā Allāh* es el texto meta, lo que configura un ejemplo singular de lo que hemos venido llamando *direccionalidad ficticia*.

Ambos procedimientos, por la naturaleza variada de los textos que lo componen, se dan en un mismo número y su coexistencia no resta mérito alguno a la labor de los editores de nuestro suplemento. Pero del reconocimiento previo de uno o de otro a la hora de analizar un determinado ejemplo depende una interpretación correcta del mismo. En función de la direccionalidad que aceptemos, ejemplos como «La capital de Alemania, llamada Berlín» en *Wa-lā Gālib illā Allāh* convertido en simplemente «Berlín» en *¡Solo Dios es Vencedor!* puede considerarse como un ejemplo de empleo de la técnica de traducción conocida como *omisión* (si el texto origen es el primero) o consiste más bien en el mecanismo opuesto: una *amplificación/explicación* (si el texto origen es el español).

En nuestra opinión, en buena parte de las noticias publicadas en nuestro suplemento, el texto origen es el español y el texto meta, el árabe. Consideramos, aun así, de gran importancia insistir en la dificultad que entraña distinguir en qué momentos se adoptó un proceso de traducción y en qué momentos, otro. A la luz de esa direccionalidad ficticia o no, analizaremos a continuación la política de traducción general adoptada y, en un segundo momento, comentaremos las técnicas de traducción usadas, especialmente aquellas que nos instaron a suponer que detrás de este procedimiento se esconde una historia más compleja que la que se pretende hacer ver.

2. Política y método de traducción

Sabemos que ambas versiones del suplemento fueron elaboradas por la misma editorial y estaban destinadas a publicarse en el mismo medio informativo, lo que elimina *a priori* una variación de intereses por parte de escritores y traductores. Sin embargo, diversos aspectos de tipo pragmático hacen que la traducción periodística sea susceptible a múltiples cambios, especialmente cuando las diferencias en los destinatarios implica intereses y gustos diferentes: «una información relevante que fue cubierta de manera extensa por la cultura emisora puede tener una extensión menor en la cultura receptora, donde el tema no es de tanto interés o, todo lo contrario, una información breve puede ser ampliada» (Hernández Guerrero, 2008: 364). En este caso, donde *Wa-lā Gālib illā Allāh* iba dirigida especialmente a musulmanes y *¡Solo Dios es vencedor!*, a españoles y judíos hispanohablantes, podemos asegurar que muchas de las técnicas de traducción y cambios adoptados que analizaremos más adelante pudieron haber visto su origen en este doble destinatario.

Tanto en los fragmentos en los cuales consideramos que *Wa-lā Gālib illā Allāh* es traducción de *¡Solo Dios es vencedor!* como en los que mantenemos lo contrario, la estrategia de traducción adoptada en múltiples casos ha sido la traducción libre, aquella que, respetando el sentido del texto, se aleja del original en la expresión. Hemos de tener en cuenta que un original puede ser tomado solo de manera parcial para la elaboración de otro texto, lo que daría lugar a resultados que, en palabras de Hernández Guerrero (2008: 364), «se ubican en las fronteras de la traducción». Este enfoque puede observarse especialmente en ciertos fragmentos del suplemento tales como las primeras reflexiones y pensamientos que se ofrecen a modo de editorial y en las noticias de divulgación científica. En los mencionados casos, se tiende usualmente a una notable reorganización de la información, llegando a incluir u omitir detalles, o bien variando el orden de aparición, con el fin de crear un nuevo texto acorde a las costumbres, necesidades e intereses del destinatario.

Claros ejemplos de esta estrategia pueden observarse en el editorial publicado en el suplemento 29, en el que se informa sobre los resultados obtenidos en las campañas contra los insurrectos en Marruecos y las consecuencias que ha acarreado en el país. Notamos que el texto árabe no es más que una simplificación de la información provista en español:

Nº	Español	Árabe (trad. Propia)	Nº
29 (p.1; c.1)	El resultado decisivo de la última campaña de Muley Hassan sobre los insurrectos, en que estos han sido completamente derrotados, asegura el sosiego de aquellas provincias; y siquiera nos sea sensible y doloroso la sangre derramada inevitablemente por el necesario rigor de la ley en estos casos, debemos congratularnos de que la paz interior del Imperio se haya conseguido; pues estas frecuentes insurrecciones, ademas de las desgracias que forzosamente ocasionan con la inseguridad que producen y los perjuicios que á la agricultura ofrecen, lejos de ser ventajosas á cualquier país, anulan la industria, matan el comercio, y proporcionan inútiles sacrificios que mermando las fuerzas de la nacion y empobreciendo el Erario público, hacen imposible que los gobiernos puedan plantear é introducir las convenientes reformas en su propia administracion y organismo, ni atender con tranquilidad y acierto al más poderoso resultado de diplomáticas negociaciones tan ineludibles en los momentos presentes.	Nos congratulamos por los resultados conseguidos por el pueblo de Marruecos en la victoria de Muley Hassan (*al-muayyad bi-llāh*), a pesar de haberse logrado con tristeza y dolor debido a los perjuicios de los siervos de Dios, debemos alegrarnos [...], no tiene ningún provecho sino destrucción [...] de la industria y pérdida de los bienes y las riquezas, incluso los Gobiernos no son capaces de ordenar los asuntos políticos en favor de los países o atender con tranquilidad los asuntos de Estado con otros monarcas en un momento como el actual.	29 (p.1; c.1)

Tabla 10: Traducción libre/traducción-resumen I

Un caso similar lo tenemos en el editorial publicado en el número 34, dedicado a una reflexión sobre la necesidad de erradicar la esclavitud, y donde se lleva a cabo una reorganización de la información y resumen de las ideas que se habían plasmado en español.

Las noticias de divulgación científica ofrecen asimismo un ejemplo de traducción-resumen. Los dos casos más relevantes pertenecen a los números 24 y 29 del suplemento: en el primero, en la sección de editorial, se dan a conocer las medidas que han de ser tomadas para evitar la propagación del cólera, un problema que preocupaba bastante a la población de aquel entonces; en el segundo, en la sección de noticias variadas, se explica el procedimiento para obtener alcohol a través de la destilación de la mazorca de maíz. A continuación se presentarán algunos de los fragmentos más significativos, resaltando en la versión española la información ausente en el texto árabe:

Nº	Español	Árabe (trad. Propia)	Nº
24 (p.1; c.2)	En un cuarto cerrado y expuestos durante veinticuatro horas á los vapores resultantes de la combustión de **30** gramos de azufre en flor (que cuesta 50 céntimos) para un cuarto que tenga cuatro metros de largo, tres de ancho y tres de alto.	…en un cuarto cerrado y expuestos durante veinticuatro horas a los vapores resultantes de la combustión de azufre.	24 (p.1; c.3)
24 (p.1; c.2)	Las ropas pueden asimismo desinfectarse apelando al siguiente procedimiento: Se cuelgan en un cuarto vacío, cuyas puertas y ventanas estarán bien cerradas: se riega el suelo con agua para humedecer un poco la atmósfera, y se queman 36 gramos de azufre en flor por cada metro cúbico de espacio. Se pondrá el azufre en un vaso de metal metido en un cubo que estará medio lleno de avena húmeda. Hay que marcharse del cuarto enseguida que se haya encendido el azufre y no se abrirá hasta las veinticuatro horas. Cuando los vestidos están muy sucios ó valen poco, es preferible quemarlos.	Cuando los vestidos valen poco, es preferible quemarlos antes que desinfectarlos con azufre, como se ha mencionado con anterioridad.	24 (p.1; c.3)
24 (p.1; c.3)	Las manchas en el suelo ó en la alfombra deberán ser quitadas inmediatamente con un trapo mojado en el líquido azul citado, ó con leche de cloruro de cal, obtenida por la mezcla de una cucharada de cloruro seco con un litro de agua. Después se quema el trapo.	Si hay manchas en las alfombras o en otro lugar, habrá que lavarlo con el preparado y luego quemar aquello con lo que se haya quitado la mancha, pues es preferible eliminarlo antes que preservarlo.	24 (p.2; c.1)

29 (p.2; c.3)	El mazorco que queda como resíduo despues de desgranado el maíz, que no habia tenido, por lo general hasta ahora, otra aplicacion que como combustible; puede utilizarse, segun FriedHoel, de Worms, como primera materia para la fabricacion de alcohol, lo cual consideramos nosotros de sumo interes para un país como el nuestro, en donde el maíz forma uno de los principales ramos del cultivo de nuestros campos.	Ha tenido lugar una prueba para conseguir sacar provecho de los restos del maíz, pues ha resultado que se puede extraer una materia líquida como el alcohol.	29 (p.2; c.3)
29 (p.2; c.2)	Los expresados mazorcos contienen almidon, glúten, albúmina vegetal, etc., ó lo que es lo mismo, las necesarias condiciones para la obtencion del alcohol, de ese hasta ahora no estimado resíduo, y la vinaza que resulta constituye un excelente forraje. Para la obtencion del alcohol de los mazorcos de maíz, no hay más que someterlos á una coccion de una hora á hora y media al vapor y á una presion de dos y media á tres atmósferas, consiguiendo por este procedimiento que se desegreguen todos los tejidos del mazorco, abriéndose, por consiguiente las células que contienen la fécula y que esta quede libre; verificado lo cual, no hay más que llevar á cabo la sacarificacion y la destilacion en la forma ordinaria. El inventor asegura, que el rendimiento en alcohol será igual al de las patatas de mejor calidad, y que el valor de las vinazas como forraje, superará al de las que proceden de dichos tubérculos.	Ha tenido lugar una prueba para conseguir sacar provecho de los restos del maíz, pues ha resultado que se puede extraer una materia líquida como el alcohol. Para su uso, han de llevarse a ebullición los restos mencionados durante una hora y media. Luego se procede a la destilación en la alquitara como todo líquido destilado. El inventor citado dice que del mencionado producto se obtiene un provecho como del de las patatas de primera y que los desechos tienen valor por su utilidad para fertilizar la tierra.	29 (p.2; c.3)

Tabla 11: Traducción libre/traducción-resumen II

En ninguno de estos casos parece probable que el texto árabe haya sido el original, sino más bien todo lo contrario.

Del mismo modo, otro de los factores que influye en la disposición tanto del original como de la traducción y en la adopción de la estrategia de resumen y reorganización es, sin duda, el espacio físico del que cada texto dispone en el suplemento. Debemos aclarar, como ya se ha señalado, que la escritura árabe manuscrita ocupa más espacio que la latina: mientras que se precisan alrededor de treinta y cinco líneas para completar la página árabe, la española necesita alrededor de diez líneas más. Además, insistimos, la versión árabe del suplemento incluye datos básicos referidos al periódico (precio, fecha y lugar de publicación, entre otros) en su primera página que la versión española no comprende, por encontrarse ya plasmados en la portada del propio *Eco de Ceuta,* lo que disminuye aún más el espacio disponible en la versión árabe. Así, observamos que en cada uno de los suplementos *¡Solo Dios es Vencedor!* resta un espacio que en *Wa-lā Gālib illā Allāh* no existe.

Son, por tanto, muchos los casos en los que prevalece esta política de traducción libre y traducción-resumen. Descendamos ahora de lo general a lo particular y veamos cómo se plasma esa política general en estrategias y técnicas concretas de traducción (para las que seguiremos las definiciones de Hurtado Albir, 2001: 268, que citaremos entre comillas). Estas técnicas son huellas rastreables en el texto del (buen) proceder de su traductor, cuyo objetivo básico —recordemos— no es otro que hacer pasar de manera objetiva al texto de llegada la información presente en el texto de salida. Y nos corroboran en muchos casos la direccionalidad ficticia que insistimos en postular para el proceso de traducción.

3. Técnicas de traducción

Si la política general de traducción está a caballo entre la traducción libre y la traducción-resumen no es extraño que dos de las técnicas básicas a las que recurra el traductor sean la *generalización* y la *omisión o elisión*. En el primer caso, el texto origen es más específico que el traducido, en el cual se ofrece la información con datos menos concretos.

Nº	Español	Árabe (trad. Propia)	Nº
24 (p.2; c.3)	entre las nueve y doce de la noche	entre la cena y la medianoche	24 (p.1; c.3)
26 (p.2; c.2)	el día 14	a mediados de mes	26 (p.2; c.3)

| 29 (p.2; c.1) | en el convenio de 18 de Abril de 1882 | en el convenio de abril del año pasado | 29 (p.2; c.2) |

Tabla 12: Técnicas de traducción, generalización

Más frecuente aún es el recurso a la *omisión o elisión*: «no se formulan elementos de información presentes en el texto original», ya sea porque dicha información se juzga irrelevante para el público del texto meta, ya porque se pretende evitar confusiones innecesarias o redundancias.

Nº	Español	Árabe (trad. Propia)	Nº
24 (p.1; c.1)	una taza pequeña, de las de tomar café	una taza	24 (p.1; c.2)
31 (p.1; c.1)	y lo mismo que ostenta en su piel el negro color del ébano, que el dorado del cobre ó el blanco del armiño	y sea su color negro, rojizo o blanco	31 (p.1; c.1)
31 (p.2; c.3)	Las últimas noticias de Hanoi alcanzan al 16 del mes anterior. Segun ellas…	Según las últimas noticias de Hanoi..	31 (p.2; c.3)

Tabla 13: Técnicas de traducción, omisión I

Uno de los ejemplos más significativos de este fenómeno se relaciona directamente con los nombres propios (antropónimos y topónimos) presentes en *¡Solo Dios es vencedor!* pero ausentes en su versión árabe, lo que —reiteramos una vez más— hace poco probable que esta fuera el texto original de la traducción española.

Nº	Español	Árabe (trad. Propia)	Nº
24 (p.2; c.3)	La poblacion que mas ha sufrido es la villa de Casamiccioba, situada al pié del monte Epomée, que se eleva á 816 mts. sobre el nivel del mar. [ ] Ademas de Casamicciola han sufrido todas las poblaciones de la isla, Locco Anuno, Torís, Porto de Ischia y la isla de Proesda.	La población que más ha sufrido el desastre se eleva a 1630 codos sobre el nivel del mar. Además de la ciudad mencionada han sufrido todas las poblaciones de la isla, además de otra isla más pequeña.	24 (p.2; c.3)

| 32 (p.2; c.1) | Dos armenios y á Sherif Baja como presidente; cuatro franceses, M M. Gay Lussac, Pietro, Rousseay y Borelli; tres ingleses, el sucesor de sir A. Colvin (Mr. Vincent) y M. M. Lemesurier y Rowsell; dos austriacos, M M. Blum y Keller, y un italiano Sr. Ara. | Dos armenios y Sherif Baja como presidente; un grupo de cuatro franceses, tres ingleses, dos austríacos y un italiano. | 32 (p.2; c.2) |

Tabla 14: Técnicas de traducción, omisión II

La abundante presencia de nombres propios en las noticias le hará en otras ocasiones recurrir a la *explicación o descripción*: en algunos casos, «se reemplaza un término o expresión por la descripción de su forma y/o función»; en otros, se recurre a la explicación o amplificación una vez el nombre propio que se pretende aclarar ha sido mencionado.

Nº	Español	Árabe (trad. Propia)	Nº
29 (p.1; c.3)	el príncipe de Baviera y su esposa doña Paz	el príncipe del reino de Baviera y su esposa, hermana de nuestro rey	29 (p.1; c.3)
33 (p.2; c.2)	al príncipe Guillermo	al hijo de los dos sultanes mencionados	33 (p.2; c.2)
34 (p.1; c.3)	S. M. D.ª Isabel 2.ª	Su Majestad, la madre de S. M. el rey Don Alfonso XII	34 (p.2; c.1)
29 (p.2; c.1)	al Standard	a uno de los periódicos de los ingleses denominado Standard, es decir, el estandarte.	29 (p.2; c.2)
29 (p.1; c.3)	[...] al real sitio de Nymphemburgo, á corta distancia de Munich.	[...] a un palacio cercano a la ciudad de Munich, anteriormente mencionada.	29 (p.1; c.3)
31 (p.1; c.2)	en Bruselas	en la capital del Reino de Bélgica	31 (p.1; c.3)
33 (p.1; c.3)	en el Pirineo	el Estado de España, en las montañas cuya frontera limita con Francia y se llama Pirineo	33 (p.2; c.1)

Tabla 15: Técnicas de traducción, explicación o descripción I

En rara ocasión después de su descripción algunos topónimos son incluso traducidos literalmente mediante un *calco*:

Nº	Español	Árabe (trad. Propia)	Nº
33 (p.1; c.3)	Ciudad Real	una ciudad española llamada Ciudad del Sultán (lit. *al-madīna al-sulṭaniyya*)	33 (p.1; c.3)
33 (p.2; c.1)	Coll de Ladrones	Coll y los Ladrones (lit. *kūl wa-l-surrāq*)	33 (p.2; c.2)

Tabla 16: Técnicas de traducción, calco

La técnica de la explicación o descripción no solo se usa para los nombres propios sino también para términos especializados de difícil traducción por ser desconocidos en la lengua y cultura meta:

Nº	Español	Árabe (trad. Propia)	Nº
34 (p.1; c.3)	un cañón revólver	un cañón de los que giran en cualquier dirección	34 (p.2; c.1)

Tabla 17: Técnicas de traducción, explicación o descripción II

La terminología especializada, en especial la militar, marítima y científica, constituye un desafío para el traductor, que resolverá con solvencia acudiendo a otras y variadas técnicas. En primer lugar, el préstamo puro: «se integra una palabra o expresión de otra lengua tal cual» como en el caso de cólera/*al-kulīra* (nº 24), fragata/*al-furqāṭa* (nº 34) o pailebot/*paylabūṭ* (nº 34). Otras veces el préstamo se adapta a la reglas y estructuras de la lengua meta. Especialmente llamativos son los ejemplos de préstamos cuyos plurales se realizan acordes a las reglas gramaticales de formación de plurales de la lengua meta, en este caso el árabe.

Nº	Español	Transliteración	Nº
24 (p.1; c.1)	cloruro de cal	*klurūrū ḍ-al-ŷīr*	24 (p.1; c.2)
26 (p.1; c.3)	prensa (gacetas)	*gawāzit*	26 (p.1; c.3)
29 (p.1; c.1)	pesetas	*baṣāṣit*	29 (p.1; c.1)
24 (p.2; c.1)	Las Cortes	*maŷlis al-kurṭis*	24 (p.2; c.1)

Tabla 18: Técnicas de traducción, préstamo

El préstamo puede aparecer además seguido de una explicación que, en algún caso, puede incluir su etimología:

Nº	Español	Árabe (trad. propia)	Nº
33 (p.1; c.1)	la electricidad	*Al-alaktriṭidā* [...]. La electricidad es un elemento no material, sutil, volátil, luminoso, oculto, que se encuentra en todos los cuerpos.	33 (p.1; c.3)
33 (p.1; c.3)	[república] del Plata	*Ripūblikat plāta* [...]. La palabra república, que significa «el asunto en manos del pueblo llano», denomina a la nación que no se halla bajo el dominio de un rey.	33 (p.2; c.1)

Tabla 19: Técnicas de traducción, préstamos y explicación

Finalmente optará por recurrir a *neologismos* en árabe. Desconocemos hasta qué punto pudo documentarse Rizzo para los mismos en una época en la que ni la cantidad de las fuentes, lexicográficas o de otro tipo, ni su precisión —al menos en la terminología especializada que nos ocupa— era mucha. Así pues, sean o no de su propia autoría, suponen un destacable esfuerzo terminológico. Veamos algunos ejemplos:

Nº	Español	Transliteración	Nº
33 (p.1; c.3)	crucero	*markab ʿassās* (lit. barco patrullero)	33 (p.2; c.1)
29 (p.2; c.1)	cruceros	*marākib al-bābūr al-maqṣūdīn li-ʿassat al-sawāḥil* (lit. buques destinados a vigilar las costas)	29 (p.2; c.1)
33 (p.1; c.3)	acorazados (de primera clase)	*marākib min aǧar al-muŷallidīn* (lit. barcos de los que llevan protección de los mejores)	33 (p.2; c.1)
32 (p.1; c.2)	dibujo lineal	*taṣwīr al-tasaṭṭur*	32 (p.1; c.3)
32 (p.1; c.3)	geometría del espacio	*handasat al-arḍ*	32 (p.2; c.1)
32 (p.1; c.3)	trigonometría	*ʿilm taṯlīṯ al-zāwiyya*	32 (p.2; c.1)
32 (p.1; c.3)	topografía	*ʿilm taṣwīr al-arḍ*	32 (p.2; c.1)
32 (p.1; c.3)	planimetría	*qiyās al-mawṣūfāt*	29 (p.2; c.1)

69

| 32 (p.1; c.3) | física | *ma warā' al-ṭabī'a* (lit. lo que hay detrás de la naturaleza) | 32 (p.2; c.1) |
| 32 (p.1; c.3) | nivelación | *tawṭī' al-'aqba* | 32 (p.1; c.3) |

Tabla 20: Técnicas de traducción, neologismos

Otros términos que hacen referencia a elementos específicos de una cultura se traducen por medio de la técnica de la *adaptación*, sustituyéndolos por otro equivalente en la cultura de llegada. En caso que nos concierne, resulta ilustrativo el ejemplo de unidades de medida y títulos nobiliarios o cargos para los que se busca un equivalente en la cultura marroquí:

Nº	Español	Árabe (trad. propia)	Nº
24 (p.1; c.1)	un litro	dos arreldes [*ritl*=508 gr.]	24 (p.1; c.2)
24 (p.1; c.1)	50 gramos	dos *wuqiyya* [medida de peso=37 gr.]	24 (p.1; c.2)
24 (p.2; c.3)	816 mts.	1630 codos	24 (p.2; c.3)
24 (p.2; c.1)	S. M. la Reina	S. M. la sultana	24 (p.2; c.1)
26 (p.1; c.3)	S. M. el rey	S. M. el sultán	26 (p.1; c.3)
29 (p.1; c.3)	mariscal de campo	*kabīr 'askar al-turrās* (lit. jefe del ejército de infantería)	29 (p.2; c.1)

Tabla 21: Técnicas de traducción, adaptación

Todos estos ejemplos hablan del buen hacer de Rizzo, que se refleja también en el uso certero de *equivalentes acuñados:* «término o expresión reconocido (por el diccionario, por el uso lingüístico) como equivalente en la lengua meta». En este caso, resulta interesante la oposición entre *ser racional* e *inconsciente acémila*, que se trasladan a la lengua árabe con los términos clásicos ligados a la capacidad o incapacidad de articular palabras con sentido.

Nº	Español	Árabe (trad. propia)	Nº
31 (p.1; c.1)	ser racional	ser parlante/homo loquens (lit. *ḥayawān nāṭiq*)	31 (p.1; c.1)
34 (p.1; c.1)	inconsciente acémila	bestia muda (lit. *al-bahīma al-bakma*)	34 (p.1; c.1)

Tabla 22: Técnicas de traducción, equivalente acuñado

No hay duda de que nuestro traductor conoce su oficio y sabe cómo llegar a su público destinatario. No queremos terminar este apartado sin mencionar su manejo de una última técnica, la *modulación,* mediante la que «se efectúa un cambio de punto de vista, de enfoque o de categoría de pensamiento en relación con la formulación del texto original; puede ser léxica y estructural». Los casos de modulación a simple vista más sencillos son aquellos en los que varía la persona gramatical en la que está redactada la noticia. Así, mientras que ciertos artículos en español están redactados utilizando la tercera persona del plural y con una mayor neutralidad, en la versión árabe el redactor se involucra a través de la primera persona del plural o involucra al interlocutor dirigiéndose a él de forma inequívoca a través del uso de la segunda persona del plural:

Nº	Español	Árabe (trad. propia)	Nº
31 (p.1; c.1)	todos descienden de un padre común	puesto que nuestro padre es un único padre	31 (p.1; c.2)
33 (p.1; c.2)	la horrible esclavitud y el bárbaro comercio de seres humanos	vuestro semejante al que seguís poseyendo y castigando	33 (p.1; c.2)
34 (p.1; c.1)	no es suficiente con que todos reconozcamos	no penséis que vuestro reconocimiento [ ] basta	34 (p.1; c.1)

Tabla 23: Técnicas de traducción, modulación

Podemos asimismo considerar un ejemplo muy interesante de modulación, en su acepción genérica de cambio de perspectiva o enfoque, la inclusión en el texto árabe de fraseología y expresiones de corte religioso que no están en el texto español o solo lo están de manera indirecta. Bien sabemos que ambos suplementos se dirigían a destinatarios diferentes, cada cual dueño de distintas costumbres, que se verán reflejadas también en el terreno lingüístico. Observaremos el gran tino del redactor-traductor Felipe Rizzo al adecuar la versión árabe a lo que esperaría un lector musulmán y hacer lo propio con la versión en español, como veremos en el siguiente apartado.

3.1. Referencias religiosas

En la versión árabe del suplemento ceutí podemos rastrear hasta una treintena de menciones a Dios, que catalogamos en tres grupos: las aposiciones con función de «título honorífico» que acompañan a nombres de gobernantes; las jaculatorias

71

que expresan deseo, agradecimiento, plegarias, loas, entre otros; y las referencias nominales que señalan a Dios *(Allāh)* como actor de un hecho concreto.

Centrándonos en las primeras, son una amplificación natural casi obligada —al menos más que en español— a las alusiones expresas al rey de España, Alfonso XII, y al sultán marroquí Muley Hassan. A ambos se les otorga en el texto árabe el título de *al-mu'ayyad bi-llāh*, «el que recibe el sostén de Dios», sobrenombre que en ningún momento aparece en la versión española. En algún fragmento este título se sustituye por la frase *ayyada-hu Allāh* («que Dios le ayude»).

El segundo tipo, representado por distintas jaculatorias, también está por completo ausente en el texto español. Si bien existe en nuestro idioma una nutrida fraseología de tipo religioso (*¡Válgame Dios!, ¡Que Dios nos pille confesados!, ¡Dios santo!,* entre otras), podemos aducir, amén de consideraciones ideológicas propias de un medio liberal, que dichas expresiones pertenecen a un registro vulgar y, especialmente, al medio oral. De ahí que tengan poco eco en la prensa escrita. Notamos que gran parte de estas jaculatorias hacen referencia a un hecho que aún no ha sucedido y por cuyo futuro éxito se pide la intercesión de Dios:

Nº	Español	Árabe (trad. propia)	Nº
24 (p.1; c.1)	El cólera	El cólera ¡Que Dios nos libre de él!	24 (p.1, c.1)
24 (p.2; c.1)	Dentro de un breve plazo	Será pronto, con el poder y la fuerza de Dios	24 (p.2; c.1)
31 (p.1, c.2)	A su regreso, permanecerá…	Según se dice — Dios lo permita— tiene intención de regresar y quedarse...	31 (p.1, c.3)
31 (p.1, c.2)	El 29 estará en París	El día 29 estará en París, con la ayuda de Dios	31 (p.1, c.3)

Tabla 24: Jaculatorias con referencias religiosas

En el tercer grupo, aquellas en las que hay una alusión directa a Dios como referente de una acción concreta cumplida, podemos hacer una subdivisión. Por un lado están las que se hallan presentes tanto en *La-Gālib* como en *Solo Dios es Vencedor*:

Nº	Español	Árabe (trad. propia)	Nº
26 (p.1, c.1)	En la tierra derramó prodigiosamente el Hacedor Supremo todos los principios necesarios á la vida de la humanidad	Pues el Creador Supremo derramó en la tierra todo lo que el hombre necesita para vivir	26 (p.1, c.1)
31 (p.1, c.1)	Esclavizar al hombre, matando su libertad es oponerse á la voluntad del Creador, destruyendo sus obras.	Quien suprime la libertad del hombre con su poder se opone a la voluntad de su Creador, destruyendo Sus obras, gloria a Él	31 (p.1, c.2)
33 (p.1, c.1)	negando á sus semejantes la hermosa libertad que el Creador le concediera y anulando su voluntad, le viene á colocar en la más desdichada condicion de miserable bestia.	se elimina la libertad que nos concediera el Inmenso Creador. Luego el hombre se rebela contra su Creador, Gloria a Él, y hace de su hermano una miserable bestia.	33 (p.1, c.1)
34 (p.1, c.1)	ni puede ningún hombre oponerse egoísta á los derechos que á los demas, como á todos por igual, ha concedido el Creador	Al ser voluntad de Dios, nadie puede prohibir a los demás lo que el Creador les ha concedido	34 (p.1, c.1)
31 (p.1, c.1)	la hermosa libertad con que dotó al hombre su Creador	la libertad con la que Dios engrandeció al hombre	31 (p.1, c.1)
33 (p.1, c.1)	y menester es que esa gran obra de redencion se complete: poniendo cada uno siquier sea su pequeño esfuerzo para la pronta y completa abolicion de una costumbre que la justicia del Omnipotente rechaza	por eso todos deben obrar con esfuerzo para liberar a la creación [a los hombres] según la voluntad de Dios, Gloria a Él	33 (p.1, c.2)

Tabla 25: Referencias nominales religiosas I

No deja de resultar curioso observar que la versión española del suplemento no utilice en ninguna ocasión la palabra *Dios* sino que se decante más bien por epítetos: *el Creador, el Omnipotente, el Hacedor Supremo*. De hecho, la única aparición del término *Dios* en los números conservados coincide con el título del suplemento

¡Solo Dios es vencedor!; mientras que una de las pocas alusiones halladas en el periódico *El Eco de Ceuta* nos remite a la palabra árabe con una extraña trasliteración: «¡Pan a dos cuartos de libra! Alhá ha derramado esta vez con profusión sus dones sobre los creyentes. ¡Loado sea Alhá!», n° 26: 3. La versión árabe conserva tal cual cuatro de estos epítetos y generaliza otros dos recurriendo a *Allāh,* añadiendo en ambos casos dos de las habituales jaculatorias que acompañan a la mención del Dios único: *subḥānu-hu*/«Gloria a Él», y *ta'allà*/«ensalzado sea».

Por otro lado, hallamos casos en que las actuaciones atribuidas a Dios en el texto árabe eran atribuidas a otro elemento en el texto español, adecuando idóneamente el contenido a un lector musulmán. Así, la naturaleza, el destino o la fortuna del español son sustituidos en árabe por Dios:

N°	Español	Árabe (trad. propia)	N°
26 (p.1, c.2)	no consiguiesen desarrollar su agricultura [...] un país en que no escatimó, por cierto, sus ricos dones la pródiga Naturaleza.	no se aprovecharon las riquezas que Dios les proveyó	26 (p.1, c.3)
29 (p.1, c.1)	Al par que hacemos votos por la tranquilidad…	Seguimos pidiendo a Dios por la tranquilidad…	29 (p.1, c.1)
31 (p.1, c.1)	Todo hombre [...] tiene impreso en su ser un destello sublime de inteligencia	Dios entregó al hombre la luz de la inteligencia	31 (p.1, c.1)
31 (p.1, c.2)	Benditos sean todos aquellos que…	Le pedimos a Dios, ensalzado sea, que provea a los que…	31 (p.1, c.2)
33 (p.1, c.2)	Pasó por fortuna para no volver la necesidad de convertir la fuerza humana en inconsciente máquina	Gracias a Dios, ya no necesitamos la fuerza del ser humano	33 (p.1, c.2)
34 (p.1, c.1)	Y del amor de que nos son acreedores esos semejantes	El amor hacia nuestros hermanos, [hijos] de Dios	34 (p.1, c.1)
34 (p.1, c.1)	Que no es el destino del ser humano el de ser vendido	Dios creó al hombre libre de venta y compra	34 (p.1, c.1)

Tabla 26: Referencias nominales religiosas II

Para finalizar este apartado, el suplemento ceutí nos ofrece otros ejemplos relacionados con el léxico religioso que reflejan las acertadas decisiones de Rizzo:

Nº	Español	Árabe (trad. propia)	Nº
31 (p.1, c.1)	Todos descienden de un padre común	Nuestro padre es solo uno, y somos hijos de Adán	31 (p.1, c.2)
31 (p.1, c.2)	Asi sin duda lo han comprendido desde la antigüedad los Mahometanos	Sin duda, este ha sido el pensamiento de los musulmanes desde el principio de los tiempos	31 (p.1, c.2)
32 (p.1; c.1)	Como buenos Mahometanos…	Debido a su amor por el Islam…	32 (p.1; c.1)

Tabla 27: Otras referencias religiosas

4. Errores de traducción

Es una axioma universalmente aceptado que no hay traducción sin errores y la nuestra no iba a ser una excepción pese al buen oficio demostrado por nuestro traductor. En su descargo diremos que son escasos los detectados. Algunos pueden deberse a un mero despiste como puede ser el baile de cifras que se observa en el nº 34 a propósito de los soldados desplegados en Túnez 5500/5000 o de los costes de la conquista de ese país 400 millones/4000 millones. Un idéntico lapsus puede hacer convertir al príncipe de Baviera en rey, provocando un sinsentido en la noticia árabe: el rey de Baviera —en lugar el príncipe— disculpa la ausencia de su augusto padre (o sea, de sí mismo).

A veces nuestro traductor demuestra también una falta de sistematicidad en el uso de ciertos vocablos relacionados con la alimentación. En el mismo número del suplemento (nº 31), el término *azakūn* es utilizado tanto para *avena* como para *centeno*; mientras que el término *ša'īr* se utilizó tanto para *cebada* como para *habas*. Similar es la situación ante dos especies de trigo diferentes: el piche y el tremés. Los términos *ḥumaymar* y *mugargab* se han utilizado de manera indistinta para ambos tipos de trigo.

Otros errores se encuentran perfectamente insertos en la traducción y por tanto, podrían haber pasado desapercibidos de no disponer de la versión original para poder llevar a cabo la debida comparación. Es el caso de la información publicada en el nº 33 relativa al descubrimiento por unos agricultores de «un gusanillo blanco que penetra en los canutos de la langosta y se come toda la cresa», que en la versión árabe se convierte en «un gusano blanco que entra en la cabeza de la langosta para comerle el cerebro». Esta disparidad entre las versiones solo se explica si aceptamos una vez más como original el texto en español de la noticia que el traductor al árabe malinterpreta quizá por su carácter especializado: el canuto de la langosta es el tubo en donde esta deposita sus huevos —llamados *cresa*— en la tierra.

Por señalar algún ejemplo más, llama la atención también el uso continuado (nº 26, 31, 33) del término *ŷawf* para hacer alusión al sur o a una zona meridional y que los diccionarios (p.ej. Cortés, 1996) relacionan inequívocamente con el norte o zonas septentrionales o centrales. No encontramos explicación plausible para este uso más allá del error del traductor. O la confusión entre «algunas pulgadas» con «dos palmos» (*šabrayn*) que hallamos en la noticia sobre el citado seísmo en Italia (nº 24). Todo ello no empaña el meritorio trabajo de Rizzo.

CONCLUSIONES

Debemos comenzar nuestras reflexiones finales haciendo alusión a la gran labor que Manuel García de la Torre y Contilló como creador de *El Eco de Ceuta*, y Felipe Rizzo como redactor/traductor de *Wa-lā Gālib illā Allāh* desempeñaron en 1883. Disponer del suplemento bilingüe árabe-español nos da la oportunidad de analizar una fuente de información muy valiosa, no solo por los sucesos que relata, sino también por la información lingüística y cultural que la impregna.

Declarado «decano de la prensa árabe en Marruecos» por adelantarse incluso a los primeros periódicos árabes de la zona (*Al-Magreb,* 1889 y *Al-Saʿāda,* 1904), marcó un punto de inflexión gracias a sus intentos de acercar a los pueblos ceutí y marroquí a noticias nacionales e internacionales, a nuevos pensamientos y descubrimientos, a crónicas y opiniones. Así es como —enmarcado en la prensa española pero adscrito al mismo tiempo a la prensa en árabe—, logra hacerse un espacio entre los marroquíes y consigue estar en boca de otros muchos periódicos españoles. No es difícil pensar que esta loable empresa debiera haber tenido en su punto de mira publicaciones árabes precedentes. Creemos, pues, haber encontrado una posible fuente equiparable en estilo y maquetación: *Al-Rāʾid al-Tūnisī* (1861), con toda seguridad conocida por Rizzo debido a sus tareas como cónsul en Túnez. Similares intereses compartiría con *La Estrella de Occidente/Naŷmat al-Magrib* (1879), el periódico granadino cuyos lazos con *El Eco de Ceuta* no pueden ser negados.

La lectura y la posterior comparación de *Wa-lā Gālib illā Allāh* con su versión en español, *¡Solo Dios es Vencedor!,* nos llevaron a plantearnos dos cuestiones clave en esta investigación: en primer lugar, ¿se utiliza realmente el denominado *árabe vulgar* para la redacción de *Wa-lā Gālib illā Allāh*, tal y como mencionaban no solo el propio *Eco de Ceuta*, sino también otras publicaciones coetáneas?; y en segundo lugar, ¿el proceso de traducción coincide con aquel que *El Eco de Ceuta* pregonaba, esto es, árabe-español? Tanto la primera cuestión —de tipo lingüístico—, como la segunda —de tipo traductológico— nos ayudan a su vez a descubrir y entender el contexto en el que este inusual suplemento fue creado.

En el primero de los casos, y tras el exhaustivo estudio de los correspondientes suplementos, llegamos a la firme conclusión de que lejos estamos de lo que se presupone un *árabe vulgar* propiamente dicho. El estudio de la publicación nos ha demostrado que había sido redactada en un árabe literal —el árabe utilizado para escribir— con ciertos dejes de dialecto, pero nunca ante lo que se entiende como *árabe vulgar*. Dichos matices pueden notarse en el plano léxico, fonético-grafémico y morfológico. Por otra parte, el hecho de que los propios lectores del suplemento árabe enviasen cartas quejándose de la dificultosa lectura corrobora nuestra posición y desmiente que en *Wa-lā Gālib illā Allāh* se hubiese utilizado un árabe identificable con el *vulgar*. Son múltiples los ejemplos encontrados que ubican al árabe literal como el que verdaderamente se plasma en la publicación: uso del estado constructo, de duales, de conjunciones de relativo concordantes con su antecedente, de femenino singular para cosas y seres inanimados o de construcciones formales típicas del árabe clásico. Reiteramos que nos resulta difícil pensar que por la cabeza de los redactores pasase la idea de utilizar el árabe marroquí para una publicación periódica, máxime cuando se enfrentaban a la ardua empresa de redactar extensos editoriales y artículos de divulgación científica.

Ante un desafío tal, nuestro traductor adopta en muchas ocasiones una política de traducción libre y traducción resumen, y decide accionar diversos mecanismos y técnicas que le permiten acercar el texto árabe a su público. Con ello —y tras el ejercicio comparativo entre ambos suplementos— nos adentramos en la segunda cuestión: ¿cómo hubo de ser exactamente el proceso de redacción y traducción? Pese a que las señales emitidas por el propio periódico proponían a la versión árabe como texto origen, la falta de información en el mismo, la necesidad de recurrir a neologismos o tecnicismos poco usados en árabe y otros detalles que hemos especificado en este trabajo nos llevaron a suponer que —en ciertas ocasiones— había sido poco probable que el árabe fuera realmente el original, sino más bien la traducción del español. Este fenómeno de *direccionalidad ficticia* ocurre —creemos, entre otras cosas— por perseguir el ideal de los creadores de *El Eco de Ceuta* de proclamar a su periódico como el primer periódico en árabe de Marruecos, una noble distinción difícil de mantener admitida su característica de *simple* traducción.

Aun sabiendo la existencia de este fenómeno, no resulta sencillo conocer realmente cómo fue el proceso en cada momento, por eso distinguimos entre: (1) casos en los que la coincidencia de contenido o la existencia de mayor cantidad de información relevante en árabe pudiera hacer pensar que este es realmente el original, (2) casos en que esta información extra en árabe no es relevante, sino más bien explicaciones para el lector marroquí, lo que nos indica una posible falsa direccionalidad y (3) casos en que la complejidad del texto español y las omisiones en árabe nos corroboran la direccionalidad español-árabe.

En cualquier caso parece que el suplemento español, cuando no es el original mismo, se redacta —más que se traduce— con cierta libertad e independencia del texto árabe, aunque a la vista del mismo para que parezcan las dos caras de una misma moneda. Por otra parte, el encomiable trabajo del traductor se refleja asimismo en la expresión de las referencias religiosas, para lo cual adapta el texto admirablemente a lo que esperaría un lector musulmán: introduce fraseología religiosa en la redacción y convierte a Dios en ente realizador y generador; asimismo, utiliza jaculatorias de referente religioso omitidas en español y acompaña los nombres propios de personajes ilustres con aposiciones religiosas, cumpliendo con ello las normas y costumbres de un texto árabe.

Insistimos, pues, en la grandísima labor que significó la creación de este suplemento bilingüe en los albores de la prensa árabe en el Magreb y en la importancia que supuso su creación en un Marruecos aún sin costumbre de prensa arraigada. Un esfuerzo —hasta ahora— poco reconocido del que puede servirse quien así guste para seguir profundizando en su estudio o para saciar simplemente su curiosidad ya sea en el ámbito periodístico como en el histórico o en el de la traducción y la lingüística.

REFERENCIAS BIBLIOGRÁFICAS

Aguilar, Victoria y Bouhrass, Asma (2010): «حجيتك، ماجيتك: aprender marroquí en España, del XVIII al XXI». En Bárbara Herrero Muñoz-Cobo, Mercedes Aragón Huerta, Luis Miguel Pérez Cañada y Francisco Moscoso García (eds.): *Actas del IV congreso árabe marroquí: más allá de la oralidad*. Toledo: 23 y 24 de abril de 2010. Almería: Universidad de Almería, 163-185.

Al-Hilāl (1892): «Al-ŷarā'id al-'arabiyya fī-l-'ālam». Egipto: Dar Al Hilal Publishing House. Disponible en <http://zaidanfoundation.org/1.Al-Hilal%20 1892-1901/Al-Helal.swf>.

Al-Nablusi, Mohammed (2000): «Ṣūrat al-ṣaḥāfa al-'arabiyya fī-l-qurn al-tāsi' 'ašar». En *Al Hayat*, nº 13614.

Albino, Juan (1859): *Manual del lenguaje vulgar de los moros de la Riff*. Cádiz: Imp. de la Revista Médica.

Almagro Cárdenas, Almagro (1882): Compendio gramatical y léxico del Árabe vulgar de Marruecos. Granada.

Almagro Cárdenas, Antonio (1879): *La estrella de occidente: periódico literario quincenal, publicado en las lenguas castellana y árabe, con la colaboración de escritores españoles y marroquíes*. Granada: Imp. de Ventura Sabatel.

Almagro Cárdenas, Antonio (1908): «La prensa marroquí y la hispano-africana. Periódicos hispano-africanos de Ceuta y Melilla. Prensa africanista en la península». En *La Alhambra*, Granada XI, año XI, pp. 253-256.

Arias Torres, Juan Pablo y Feria García, Manuel (2012): *Los traductores del Estado español. Del Protectorado a nuestros días*. Bellaterra.

Ayalon, Ami (1995): *The Press in the Arab Middle East: A History*. New York: Oxford University Press.

Blau, Joshua (1981): «The State of Research in the Field of the Linguistic Study of Middle Arabic», *Arabica*, vol. XXVIII, nº . Londres: Brill, pp. 187-203.

Boubakeur, Hamza (1951): «La prensa árabe: su desarrollo y el papel que desempeña en la vida musulmana». En *Cuadernos de estudios africanos*, 14, pp. 9-26.

British Library (2016): *Arabic Newspapers held by the British Library*. Disponible en: <http://www.bl.uk/reshelp/pdfs/ArabicNewspapers.pdf>. Última consulta: 21 de marzo de 2016.

Cortés, Julio (1996): *Diccionario de árabe culto moderno (árabe-español)*. Madrid: Gredos.

Déroche, François (2006): *Islamic Codicology. An Introduction to the Study of Manuscripts in Arabic Script.* Lonresn: Al-Furqan Islamic Heritage Foundation.

El África, periódico semanal de las Posesiones Españolas (1899): «Machacar en hierro frío», nº 711, 26 de agosto de 1899, Ceuta.

El África, periódico semanal de las Posesiones Españolas (1900): «Noticias», nº 740, 17 de marzo de 1900, Ceuta.

Empereur, Jean-Yves (2008): «200 ans de Presse Francophone en Égypte». En *Centre d'Études Alexandrines*. Disponible en: <http://www.cealex.org/pfe/presentation/article_200ansPFE.php>. Última consulta: 21 de marzo de 2016.

Feria García, Manuel (2007): «El tratado hispano-marroquí de amistad y comercio de 1767 en el punto de mira del traductor (II). Intervención de traductores e intérpretes: daguerrotipo de la trujamanería dieciochesca». En *Sendebar: Revista de la Facultad de Traducción e Interpretación*, nº 18, pp. 5-44.

Fernández Parrilla, Gonzalo (2006): *La literatura marroquí contemporánea: La novela y la crítica literaria*. Cuenca: Universidad de Castilla-La Mancha.

Gacek, Adam (2001): *The Arabic Manuscript Tradition: A Glossary of Technical Terms and Bibliography*. Leiden/Boston/Köln: Brill.

Gacek, Adam (2009): *Arabic Manuscripts: A Vademecum for Readers*. Leiden-Boston: Brill.

García de La Torre y Contilló, Manuel (1883-1887): *El eco de Ceuta : periódico de intereses locales y materiales*. Ceuta: Imprenta de García y Contilló.

Gómez Barceló, José Luis (1984): *Apuntes para la historia de la prensa ceutí (1820-1984)*. Ceuta: Caja de Ahorros y Monte de Piedad de Ceuta.

Gómez Barceló, José Luis (1993): «La imprenta algecireña, durante el siglo XIX, nexo de unión entre ambas orillas del estrecho». En *Almoraima: revista de estudios campogibraltareños*, 9, pp. 163-176.

Gómez Barceló, José Luis (2008): *La prensa ceutí: un paseo por su historia (Siglos XIX-XXI)*. Ceuta: Biblioteca Pública de Ceuta y Consejería de Educación, Cultura y Mujer de la Ciudad Autónoma de Ceuta.

Gómez Barceló, José Luis (2013-14): «Una imprenta y un periódico en árabe en la Ceuta de 1883: El Eco de Ceuta». En Robert Pocklington (ed.), *Actas de los Simposios de la Sociedad Española de Estudios Árabes I*, 2015, Almería: Sociedad Española de Estudios Árabes, pp. 35-48.

Hernández Guerrero, María José (2008): «La traducción periodística en los diarios españoles de información general», en Pegenaute, L.; Decesaris, J.; Tricás, M. y Bernal, E. [eds.] *Actas del III Congreso Internacional de la Asociación Ibérica de Estudios de Traducción e Interpretación. La traducción del futuro: mediación lingüístca y cultural en el siglo XXI*. Barcelona 22-24 de marzo de 2007. Barcelona: PPU. Vol. n° 2, pp. 359-368. Versión electrónica disponible en la web de la AIETI: <h p://www.aiet.eu/pubs/actas/III/AIETI_3_MJHG_Traduccion.pdf>.

Herrera Rodríguez, Francisco (1995): «La información científica en revistas gaditanas de la segunda mitad del siglo XIX». En *Llull*, 18, pp. 93-111.

Herrero Muñoz-Cobo, Bárbara (1998): *Gramática de árabe marroquí para hispano-hablantes*. Almería: Universidad de Almería.

Hurtado Albir, A. (2001): *Traducción y traductología. Introducción a la Traductología*. Madrid: Cátedra.

James, David (2009): *Early Islamic Spain: The* History *of Ibn al-Qūṭīya.* Londres/ Nueva York: Routledge.

Jiménez, Saturnino (1883): «Nuestra expedición al África. Carta XIX». En *El Día, edición de la noche*, n° 1217, 3 de octubre de 1883, Madrid.

Lerchundi, José (1872): *Rudimentos del árabe vulgar que se habla en el Imperio de Marruecos, con numerosos ejercicios y temas aplicados á la teoría*. Madrid: Imprenta y Estereotipia de M. Rivadeneyra.

Lerchundi, José (1892): *Vocabulario español-arábigo del dialecto de Marruecos.* Madrid: AECI.

Lerchundi, José (1999): *Rudimentos del árabe vulgar que se habla en el imperio de Marruecos con numerosos ejercicios y temas aplicados a la teoría*, Madrid, pp. XL-XLI. Madrid: Imprenta y Estereotipia de M. Rivadeneyra.

Lourido Díaz, Ramón (1999): «Estudio preliminar». En José Lerchundi, *Vocabulario español-arábigo del dialecto de Marruecos*. Edición facsímil. Madrid: AECI.

Martínez Enamorado, Virgilio (2006): «Lema de príncipes. Sobre la *gāliba* y algunas evidencias emigraficas de su uso fuera del ámbito nazarí». En *Al-Qantara (AQ)* XXVII 2, julio-diciembre de 2006, pp. 529-550.

Moscoso García, Francisco (2004): *Esbozo gramatical del árabe marroquí*. Universidad Castilla La Mancha.

Moscoso García, Francisco (2014): «Libros para el estudio del árabe marroquí escritos durante el Protectorado francés en Marruecos». En *Revista de Estudios Internacionales Mediterráneos*, n° 16, 1-26.

Murūwa (1961): *Al-ṣaḥāfa al-'arabiyya naš'atu-ha wa-taṭawwuru-ha*. Beirut: Dar maktaba al-hayat.

Peña Martín, Salvador (2000): «¿Hablan de guerra las paredes de la Alhambra?». En *El trujamán: revista diaria de traducción*. Instituto Cervantes. Disponible en: <http://cvc.cervantes.es/trujaman/anteriores/julio_00/06072000.htm>.

Peña Martín, Salvador y Miguel Vega Martín (2008): «La clave de la guerra en la historia de la traducción del árabe: el caso del lema de los Nazaríes desde el siglo XVI». En M. J. Hernández y S. Peña (eds.) *La traducción, factor de cambio*, Bern: Peter Lang, 131-163.

Pina, Jorge (2008): «Felipe Rizzo Ramírez. Apuntes biográficos». En José Antonio Rodríguez Esteban (ed.), *Conmemoración de la expedición científica de Cervera-Quiroga-Rizzo al Sáhara Occidental en 1886*. Madrid: Consejo Superior de Investigaciones Científicas.

Portela y Soler (1979): «La química en el periodismo médico-farmacéutico español (1851-1868), aspectos generales». En *Llull*, 2, pp. 73-83.

Revista de Geografía Comercial (1892): «España en el Sáhara», n° 104-5-6, abril, mayo y junio de 1892, Madrid.

Rivera Reyes, Verónica (2011): «Lenguas en contacto en Ceuta: español y árabe ceutí». En Carmen Ferrero, Nilsa Lasso, Von Lang: *Variedades lingüísticas y lenguas en contacto en el mundo de habla hispana*, 170-187. Estados Unidos: Author House.

Santa Olalla Millet, Fausto (1908): *Compendio de gramática de Árabe Vulgar y Vocabulario Hispano Árabe militar*. Tánger: Establecimiento tipográfico S. Benaioun.

Sanz Trelles, Alberto (1989): *Historia de la prensa de Algeciras. Aproximación a su estudio de 1805 a 1905*. Algeciras: Editorial Regueira.

Seoane, María Cruz (1983): *Historia del periodismo en España, 2. El siglo xix*, Madrid: Alianza Editorial.

Tayebi, Hamza (2013): «Print journalism in Morocco: From the Pre-colonial Period to the Present Day». En *Mediterranean Journal of Social Sciences*, Vol. 4, n° 6. MCSER-CEMAS-Sapienza University of Rome, 497-506.

Toury, Gideon (1995): *Descriptive Translation Studies and Beyond*. Amsterdam/ Philadelphia: John Benjamins Publishing Company.

Toury, Gideon (2005): «Enhancing Cultural Changes By Means of Fictitious Translations». En Eva Hung (ed.) *Translation and Cultural Change: Studies in history, norms and image-projection,* pp. 3-17. Amsterdam: John Benjamins Publishing Company. Disponible en: <http://www.tau.ac.il/~toury/works/fict. htm>.

Viñes Millet, Cristina (1995): *Granada y Marruecos: arabismo y africanismo en la cultura granadina*. Sierra Nevada 95 / El Legado Andalusí.

ANEXO 1

Tablas comparativas árabe-español

A continuación se presentan las ediciones árabe y española del suplemento. Hemos optado por presentarlas en tablas paralelas para facilitar su cotejo al lector interesado. Advertimos que para facilitar la consulta virtual de los documentos así como la lectura del texto, hemos adoptado diversos criterios, que se detallan a continuación:

- Las grafías magrebíes, algunas en desuso en la actualidad, han sido modificadas según su variante normalizada para todo el mundo árabe.

- Se pretende reproducir un estado de lengua concreto: el árabe que utiliza un periódico de finales del siglo xix al presentar un suplemento destinado al pueblo de Marruecos y en el que el árabe literal se entremezcla con algunos usos típicos del árabe dialectal marroquí. Estos (p. ej. concordancias plenas, alteraciones ortográficas o léxico propio) han sido, por tanto, respetados y conservados.

- Aquellas erratas que no constituyan un fenómeno de estudio sino que, más bien, hayan sido producidas por un despiste del escritor o copista, sí han sido revisadas y corregidas (p. ej. carencia de un punto en un determinado grafema o falta de una letra en una palabra). Los errores contrastados debidos a un uso incorrecto del árabe literal se han reproducido sin más.

ABLA COMPARATIVA Nº 24

Árabe	Español
ولا غالب إلا الله هى طَنِينُ سِبتَةَ مُلحَق مقصود بالمغرب	**¡Solo Dios es Vencedor!** Suplemento especial para Marruecos "El Eco de Ceuta"
موضع مطبعة الصحيفة وبيعها بزنقة رِيَافُو وبالرسم الثاني منها بسبتة تبرز يوم الاول والثامن و15 و22 من كل شهر	*En periódico* (Información ya suministrada en la cabecera del periódico en español, no es el suplemento árabe). REDACCION Y ADMINISTRACION Calle de Riego – núm.º 2 – Ceuta. Este periódico se publicará los días 1, 8, 15 y 22 de cada mes.
اثمان الصحيفة نقدها عى شهر واحد بسبتة 75 قسمة من بصيطة ايضاً بالجزيرة وبالمغرب ولكل ثلاثة شهور مُسبَّقة ""3 بصاصط	*En periódico* CONDICIONES DE LA SUSCRICION. En Ceuta… un mes… 0,75 de pesetas. En la Península… un trimestre adelantado… 3,00 – pesetas.
السنة الاولة يوم الاربعة الثامن في غشط سنة 1883 العدد الرابع والعشرين	Miércoles 8 de Agosto de 1883 Traducción correspondiente al n.º 24.

89

	En periódico Año 1. Miércoles 22 de Agosto de 1883. Núm. 26.
الكُليرة نجَّانا الله منهَا وَإننا في مُلحَق الطنين السابق قد كنَّا اشتغلنا في ما يجب لحفظ الانسان من تلك المرض قبل هجومهِ يعني وقت ان لا زال المَرْءُ بصحته فاليَوْمَ وجَبَ علينا بيان ما يحتاجُ المَريضِ من ساعة وقوع فيه المرض حيث يَحُدُّ الباس والشفاء تغلب الموت.	El Cólera. En nuestro suplemento anterior, nos ocupamos de las precauciones que deberían adoptarse, en salud, para evitar el desarrollo del cólera, cúmplenos hoy el dar á conocer las que hace precisas la enfermedad, desde el momento que se presenta, si ha de evitarse su rápida propagacion, y que adquiera un carácter tan maléfico que dé lugar á que se cuenten las defunciones por el número de atacados.
ومعلوم إن أقلَّ الشيءُ المصعب الهضوم يحتمل منه هجوم المرضِ المذكور اعلاه ثُمَّ الواجب حضور طبيب لان اعلاج المرض يقدر على توقيف المضرة او تمام السلامة.	La menor perturbacion digestiva puede ser el preludio de un ataque de cólera; es preciso no descuidar y llamar á seguida un médico. Un tratamiento rápido puede evitarlo ó detenerlo.

Casi siempre el cólera se propaga por los vómitos y las deposiciones que son tan peligrosos en los ataques ligeros como en los casos graves. Hay que desinfectarlo y quitarlos del cuarto del enfermo lo más pronto posible. Puede envenenarse toda una casa, arrojándolos al escusado sin desinfección prévia.

Por cada litro de estas materias, se debe mezclar una taza pequeña, de las de tomar café, de cloruro de cal en polvo (vienen á ser ochenta gramos) ó bien un vaso grande de la siguiente disolucion de color azul.

Sulfato de cobre de la tienda, 50 gramos.

Agua, un litro.

غَالِبُ المرات بدوءِ الكُثيرة القي وجراء الجوف ومضرتها مضرة سواء كان دخولها بالملاطفة والا بالقوة فالمطلوب من شرط معالج المريض ان لا يعجز بطرح ما خرج من جسده بعد استعمال ما سيذكره لِكُلِّ املان مِمّا خرج من جسد المريض يزاد قدر ما يعمر طاصة من شيءٍ يسمّى بكلام العجم كُلرُورُو ذالجير والا قدر رطلين ماءمُدَوَبُ فيهما وقيتين زاج ازرق

Cualquiera que sea la estacion, debe de establecerse en el cuarto del colérico una ventilacion contínua: Durante la noche tambien. La corrupcion del aire ofrece mas peligros que el enfriamiento, que, por otra parte, se debe evitar calentando la cama ó cubriéndola bien.

وفي اي وقت كان يلزم بفتح طاقة او باب في موضع المريض حتى ياقع فيه مجرى الارياح ليلاونها الان فساد الهوى اقبح من البردِ والبردُ يكونُ لهُ الدواء بمصاخنة الفراشِ والكثير في الغطاء.

وحوايج المريض والفراش المتوسخين بالقَيّ والنجاسة لا بد من تغطيسهم في قُبٍّ الذي ياسَعُ قدر ربعين ماء المزاد فيه ثمانية ارطال من الماء المذوّب فيه الجازُ باعتبار ما ذكرناه على الاولِ او طاصتين من الكُلُورُورُو فَالحوايج المغطسة في القب المذكور تبقى على تلك الحالة قدر نِصفَ ساعةٍ ثُمَّ تُعصِرُ وتُغسِل بالماء الغليان والتصبين والماء المصنوع الذي في القُبِّ المذكور لا زال يخدم به كمال نهارٍ واحدٍ. وثياب الصوف والملف لا بد من تنشيفهم بالنار او بالهوى وكذلك المقارب او الحَنابل.	Las ropas del enfermo ó de la cama ensuciadas por los vómitos ó deposiciones, deben ser metidas, antes de sacarlas del cuarto, en un cubo de 20 litros de agua, á la cual se habrá mezclado: O cuatro litros del citado licor azul. O dos tazas pequeñas de cloruro de cal. Se quitarán del cubo retorciéndolas, despues de media hora de estar en él. El cubo puede servir un día. Las ropas, todavía húmedas, se entregarán á la lavandera que las meterá en agua hirviendo antes de pasarlas á la legía. Las ropas de paño ó lana serán desinfectadas en estufa: ya por el vapor, ya por aire calentado á 110 grados. Este mismo procedimiento se empleará con los colchones y colchonetas.
واذا لم يجد المكانُ الذي ينشف ذلك فيجعلوهم في بيتٍ مغلوقةٍ ويبخر بالكبريت مُدَّة اربعة وعشرين ساعة والدار التي يكون فيها مريض واحد فلا بد ان يطرح في بيت الخلامرتين في كل يوم اربعة ارطال من الماء المصنوع والا طاصتين من الكُلُورُورُو.	Si no hay aparatos para esto, los colchones serán extendidos en sillas en un cuarto cerrado y expuestos durante veinticuatro horas á los vapores resultantes de la combustion de 30 gramos de azufre en flor (que cuesta 50 céntimos) para un cuarto que tenga cuatro metros de largo, tres de ancho y tres de alto. En la casa donde haya un colérico, dos veces al día, se tirarán en el escusado dos litros del licor azul ó dos tazas pequeñas de cloruro de cal disuelto en dos litros de agua.

En los tubos y cañerias de agua sucias se verterá diariamente una taza pequeña del licor azul ó de cloruro de zinc líquido (á 45.)

En donde se pueda, se pondrán en todos los tubos y cañerias que van á parar á las letrinas sifones ó tubos de plomo encorvados en U, para impedir el reflujo de los gases de aquella en el interior de las casas.

Las ropas pueden asimismo desinfectarse apelando al siguiente procedimiento:

Se cuelgan en un cuarto vacío, cuyas puertas y ventanas estarán bien cerradas: se riega el suelo con agua para humedecer un poco la atmósfera, y se queman 36 gramos de azufre en flor por cada metro cúbico de espacio.

Se pondrá el azufre en un vaso de metal metido en un cubo que estará medio lleno de avena húmeda. Hay que marcharse del cuarto enseguida que se haya encendido el azufre y no se abrirá hasta las veinticuatro horas.

Cuando los vestidos están muy sucios ó valen poco, es preferible quemarlos.

Las manchas en el suelo ó en la alfombra deberán ser quitadas inmediatamente con un trapo mojado en el líquido azul citado, ó con leche de cloruro de cal, obtenida por la mezcla de una cucharada de cloruro seco con un litro de agua.

Despues se quema el trapo.

En cuanto se pueda, las sábanas del enfermo estaran cubiertas por anchas hojas de papel alquitranado ó de periódico para que no se ensucien los colchones. Los papeles se queman despues.

Los restos y basuras de la casa serán desinfectados por medio del cloruro de cal en polvo.

وفي مجرة الماء الوضح لا بد لنا ان نطرح فيه الماء المصنوع كل يوم. ومن وصيتنا ايضاً على رد الملا في المجاري بكثرة الماء لان لا تدخل علينا الرحية للدار وفي شان ثياب اللباس ان كان ثمانهم مخبوص فتحريفهم افضل من التعاب من تبخيرهم بد مكبرية مثل ما ذكِرَ.

وَإنْ كان وقع لمايعة في الزرابي او غير ذلك فلا بد من تغسيلهم بالماء المصنوع والخِرفة التي تُجفِّفُ تلك اللّمايعة فجرفها فضل من حفظها.

وإستعمال المطران بقرب الفراش فيدفع البالي ويهرب منه المرض. ومزابل الدار يرشونهم بالماء المصنوع المذكور اعلاه. ومن هذه التدَبُّرِ يستحفظون على المرض فلا يقوى بتشريعه.

	Merced á estos higiénicos consejos la epidemia adquiere un carácter ménos pernicioso y su desarrollo es más difícil.
إِسْبَانْيَا والصابة بكافة الجزيرة في غاية النهاية. ومجلِس الكُرْطِسْ قد تَمَّ موكبه في هذه الخطوة وحَضرة السلطانة وسعادة ابناتها قدر وحوا من سفارهم بمملكة أُوْسْتْرِيَا وقدموا لقصر الفُرَنْخَة صحبة دُوُن ألْفُنْسُو الثاني عشر نصره الله. وسفر الملك المذكور المؤيد بالله لقهور الممالك العظام يكون عن قريب بحول الله وقوته.	España. La cosecha ha sido abundantísima en toda la península. Las Cortes suspendieron sus sesiones, terminando la presente legislatura. S. M. la Reina con sus augustas hijas regresó de su viage á Austria, y unido á su esposo Dⁿ. Alfonso XII se ha trasladado al Real sitio de San Ildefonso. Dentro de un breve plazo, emprenderá el monarca su proyectado viaje al estranjero.
مِصْرَ وان الكُلِيرة لا زالت تكثر في الممات خصوصاً بالمصرة القاهرة وهي قد فعلت في سكانها شيءٌ مالا يطيقون به حتى عامَت على كافة اربطاط المدينة. وَمَا أُجرِبَ على وقوع المرض المذكور (...)بَرِّ الانجليز لا ثباث له بل هي في (...)اية السلامة.	Egipto. Continúa el cólera ocasionando numerosas víctimas, especialmente en el Cairo que aumenta la mortalidad de un modo asombroso y en donde ha invadido por completo todos los barrios de la ciudad la terrible epidemia. Se desmiente que el huésped del Ganges haya ocasionado víctima alguna en Inglaterra, en donde segun los últimos despachos, la salud es inmejorable.

فرَانْسِيَة	Francia. Se espera en breve una promocion de oficiales generales, pues se hallan actualmente sin titulares siete divisiones de infanteria.
وَإن سبعة اقسام من عساكر الفرنسيس لا زالوا مُخصِّصين في ريلسائهم فلا بد بامر الدولة في ولايتهم عن قريب. وللقسمة السامعة من اقسام عسكر الرجلي التي في حكم الرئيس رِنْلَنْدْ كان معين خروجها من بَارِيز لِفُنْطَنِبْ لَو بقصد تبشير الاحزاب الاول بالكثرة عن بعد مسافة. ومراكب الدولة المعينة لبلد تنكين قد ثبتت ملاقيتها.	La sétima division de infanteria, mandada por el general Rolland, debió salir el mártes de Paris para Fontainebleau, donde por primera vez se practicaron fuegos en masa á larga distancia. La concentracion de las fuerzas navales enviadas al Tonkin, estará ya efectuada.
وقصمة مراكب الفرنسيس المعينة للسند فقد زادت لها إعانة المركب المسمية بأطْلَنْتَا فخرجت من هَايْ فُنْقْ قاصدة تمام خدمتها بسواحل السند وَالخَبُونْ. وعند تمام شهر اغشط تدركما مركب من مراكب الكبار المسمية بِطَوْفِيلْ. وصَارِي رُؤساء البحر مكلف بتخصيص حرص صواحل تنكين وهَنَّام ولتمام امر دولة له مركبان من العظماء المجلدين بالهند من دون ما تحت حكمه من مراكب الخفاف واذا احتاج له فريق العسكر المعد لنزول البَرِّ يقدم يعاونه من جانب كثرة عسكره.	La division de los mares de la China reforzada por la <u>Atlante</u>, partió de Hoy-Phong para continuar su servicio ordinario en las costas de la China y del Japon. A fines de Agosto, se le reunirá el crucero de primera clase <u>Tourville</u> que partió de Tolon el 26 de Julio próximo pasado. El cuidado especial confiado al almirante Courbet es vigilar las costas del Tonkin y del Annam, y al efecto tiene á sus órdenes ademas de sus barcos ligeros, los dos acorazados de estacion el <u>Bayard</u> y la <u>Triomphante</u>. En caso de necesidad podría prestar el apoyo de sus compañias de desembarco al general Bouet.
إطَالْيَا	Italia. Ha ocurrido una terrible catástrofe en Ischia, pequeña isla situada á la entrada del golfo de Nápoles, y actualmente residencia de una selecta sociedad italiana.
قَدْ وقعت روعة من اروع المعجبة بحضرة جزيرة إسْكِيَة الكاينة بحلق واد القبِّ النَّبْلِطَانْ ساكنة فيها ناس من اخيار إطَالْيا.	

ها ما وردت لنا من اخبار على ذلك. فَكان يوم السبت الماضي بين العشاء ونصْفَ الليل وقع سحاب كثير مُغمم حتى ما لا يضهر من احراف الجزيرة شيءٌ وبعد هنايـة حست الناس باسرها زَلْزَلَةٌ قوية مع سمع ترعيدها بقوة.	Hé aquí los Detalles que podemos hoy reunir: El sábado último, entre nueve y doce de la no-che, grandes y espesas nubes cubrieron todos los horizontes de la isla de Ischia, y á los pocos momentos se sintió un violentísimo temblor de tierra acompañado de espantoso ruido.
ودوام التزلزل عشرين دقيقة ثانية وبذالك وقعت الضرورة لا حدود لها. والبلد التي يلحقها الضرر اعلاها فوق البحر بالف وستماية وثلاثين ذراع وحمامها الحامي معروف من كثرة منافعه	Las ondulaciones no duraron más que veinte segundos, tiempo suficiente para ocasionar desastres incalculables. La poblacion que mas ha sufrido es la villa de Casamiccioba, situada al pié del monte Epomée, que se eleva á 816 mts. sobre el nivel del mar y conocida por sus aguas termales y sus baños, muy frecuentado por la alta sociedad napolitana.
والزلزلة قد هرمت الطيار وجميع البنيان حتى صارت موضع البلد عرمة من الردمة. ووقت الذي صعقت الزلزلة جميع القهاوي وغيرها من اماكن الاجتماعـة البلد كانت مشعولة وهرها قد انهرق الزيت الشاعل وانحرق كل ما كان من الخلايق وغيرهم. وبعد ذلك وردت الناس من حضرة النَّبْلِطَانْ وقاموا بالمجارح.	El terremoto ha destruido la fachada que es-taba llena de <u>touristes</u>. No queda en pié una sola cosa; los hoteles, los establecimientos de baños, las iglesias y las casas particulares, todo se ha venido abajo y no es mas que un inmenso monton de escombros.
ومن دون المدينة المذكور قد انضرت كافة بلدان الجزيرة وجزيرة اخرى اصغر منها قد غرفت بداخل البحرِ قد رشبرين.	Ademas de Casamicciola han sufrido todas las poblaciones de la isla, Locco Anuno, Torís, Porto de Ischia y la isla de Proesda, que se ha sumergido algunas pulgadas.
وان المهندسين لا زلوا على بناية اصوار سبتة وهم يتعاينون مدافع من غاية وصولهم في البعد.	

ABLA COMPARATIVA Nº 26

Árabe	Español
ولا غالب إلا الله هى طَنِينُ سِبتَةَ مُلْحِقٌ مَقْصُودٌ بِالْمَغْرِبْ	**¡Solo Dios es Vencedor!** Suplemento del Eco de Ceuta Edicion especial para Marruecos
موضع مطبعة الصحيفة وبيعها بزنقة ريافو وبالرسم الثاني منها بسبتة تبرز يوم 1و8و15و22 من كل شهر	*En periódico* (Información ya suministrada en la cabecera del periódico en español, no es el suplemento árabe). REDACCION Y ADMINISTRACION Calle de Riego – núm.º 2 – Ceuta. Este periódico se publicará los días 1, 8, 15 y 22 de cada mes.
إثمان الصحيفة نقد الصحيفة عن شهر واحد بسبتة 75 قصمة من بصيطة ايضاً بلجزيرة وبالمغرب ولكل ثلاثة شهور مُسبَّقة ""3 بصاصط	*En periódico* CONDICIONES DE LA SUSCRICION. En Ceuta… un mes… 0,75 de pesetas. En la Península… un trimestre adelantado… 3,00 – pesetas.
السنة الاولة	Miércoles 22 de Agosto de 1883 Traduccion correspondiente al n.º 26.

يوم الاربعة الثاني والعشرون من غشط سنة 1883 العدد السادس والعشرون	*En periódico* Año 1. Miércoles 22 de Agosto de 1883. Núm. 26.
الصِّنْعَةُ والتِجارَةُ والفِلَاحَةُ فَهَذِهِ الاسسات المتاصل منها عَظمةِ كل شيءٍ. وزيادة غَناءٍ سكان خاصة البلدان وقوة عمَّةُ الاجناس لا زالت مصحوبة لهم. ومنهُم نتيجة خير الجمهور.	La industria, el comercio, la agricultura. He aquí las principales bases de todo engrandecimiento. Con su desarrollo, coincide siempre el aumento de la riqueza individual, del bienestar de los pueblos y del poder de las naciones. Ellos son los gérmenes de vida de las sociedades.
ومن الاسسات المذكورة ابْلغُ المنافعة فيهم الفلاحة فَسُبْحَان الخلاق العظيم طَرَحَ بالأرض كل ما احتاج الانسان لحياته فهو عازم بخدمته على استخراج المال الذي لا يحصى ولا يعدُ من تلك العنصر الغير محدود لياقف بذَلك على وجوده ويُحَمِّلُ بذهنه فائدة خدمته وذالك بوفارة حتى يستغنا ويوجد التمتع والراحة وتكون حياته في دار الغرور على أسْعد الحالة والانعام.	Y de estos gérmenes, el más importante y más fácil de fomentar en la agricultura. En la tierra derramó prodigiosamente el Hacedor Supremo todos los principios necesarios á la vida de la humanidad: con su trabajo, extrae el hombre de aquella fuente inagotable, los inapreciables tesoros que aseguran su existencia; y con su inteligencia consigue utilizar de tal modo el esfuerzo que al trabajar realiza, que sus productos no solo basten á asegurar su alimentacion, sino que tambien á proporcionarle un aumento de riqueza y comodidad que haga feliz y grata su mundanal peregrinacion.
ثُمَّ إن الارضَ والخدمةَ يستفاد منهم الانسان حَيْثُ يستغنا من فَوائدِ جزيها ويُحَصِّلُ عنها عظمة جنسه.	El terreno y el trabajo aprovechados con inteligencia, forman pues tres importantísimos elementos de vida y enriquecimiento de nacional grandeza:

الْأَرْضُ وَالْخِدْمَةُ وَالذُّهْنُ فَتحْصِيل استفاد هذه العناصر باجتماعهم وإن تفرّقوا لا يفعلوا شيئاً. ثُمَّ لَوْ اكتسبنا الأرضَ المتاسعة لا نستنفعوا منها إلّا بالخدمةِ. وتصريف الجهد لا فائدةً فيه من غير تحقيق معرفةٍ صيفتها. وكذلك الذُّهْن لا نتيجة فيه أصلاً اذا لم تعرف ممارسته بتصريفِه بالخدمة.	Terreno, trabajo, inteligencia. Más para aprovechar estos elementos, es necesario que marchen siempre unidos: no pueden hacer nada separados. De nada nos serviria poseer grandísimas estensiones de terrenos, sino los haciamos producir con el trabajo. Inútiles vendrian á ser nuestros esfuerzos sin la inteligente direccion de un exacto conocimiento de las especiales condiciones de aquellos; y estéril por completo toda nuestra inteligencia si los conocimientos adquiridos no los llevamos á la práctica, dedicándonos con perseverancia al trabajo.
فجراننا المحبين سكان المغرب لهم الأراضي الغاية الخصب. ومنهم الغرب وعبدة ودكالة المشهورين.	Estensos y riquísimos terrenos poseen nuestros queridos vecinos los habitantes del Magreb: notables son por su feracidad y excelentes producciones. Ahí estan sino el fértil territorio del Garb; y más allá, las espléndidas provincias de Abda y de Dukala.
والجِران المذكورين ما يخصهم من الاعتناء للخدمة والزعامة. ومِنْ جهة الفهم فهُم مشهورين من أول الزمان. وذلك ليس بخافاء باسبانيا فائار البِناء والصَّنايَعْ والعلوم لا زالت على حالهم.	Actividad para el trabajo y constancia no les falta. Tanto lo acredita el apuesto y resistente Árabe, como el fuerte Riffeño. Inteligencia sobrada demostró su raza en todo tiempo. Que no es España el país que con los monumentos que conserva de Arquitectura, Artes y Ciencias árabes, ménos puede recordar el grado de perfeccion de que nuestros vecinos son capaces.

99

وحاشى مضاد جراننا لم يستفادوا من الخير الذي ارزقهم الله في ترابهم حتى يفوزوا على قدر ما تحتاج همتهم.	Pues lástima grande sería que con tan preciados elementos, no consiguiesen desarrollar su agricultura, fomentando al par sus capitales, y aumentar con la riqueza pública, el poderío y grandeza de que indudablemente es susceptible un país en que no escatimó, por cierto, sus ricos dones la pródiga Naturaleza.
إسْبانْيا فَقد تمّ العسكر بتكليفه القيامات حيث الجزيرة باسرها لا زالت على كمال الهناءِ والعافية والدليل عن ما ذكرنا أنَّ بدخول مقامِ السلطان دون أَلْفُنْصُو الثاني عشر بحضرة بلينسية فرحت به الرعية وقد نَصَروه والعسكر اياهم.	España. Han terminado por completo los conatos de insurreccion militar, reinando la más completa tranquilidad en toda península. S. M el rey D. Alfonso XII ha llegado á Valencia, siendo victoreado por el pueblo y el ejército.
وسعـادة السلطانة زوجته ايادَه الله قد رجعت لجنان الْقُرَنْخَة مع بناتها. ومجـمع مراكبُ الدولةِ المعدّة للتعليم خرجوا من مرسى قادس قاصدين بِيغُو.	Su augusta esposa y las infantas han vuelto á la Granja. La escuadra de instruccion ha salido de Cádiz para Vigo.
وقَوازِطِ مفترقة الاجناس لا زالت مشـتغلة بـسفر مقام السلطان لممالكة أَلَمَانْيَا والنمسة لِأَنَ ظنهم بسفرِ الامير لا بد لهم من دخول شيءٍ فيه من الامور السياسـة المهمة. وذكر أن قيامة العسـاكر المُؤقوعَةِ سببُها من تحت حيلة جنسٍ من الاجناس لمنع السفَرِ المذكور.	La prensa se ocupa mucho del viaje del Rey á Alemania y Austria, dándole una gran trascendencia política. Se dice que la última sublevacion obedecia á manejos extranjeros para evitarlo.

مَاخِكُو وقد وَجَدوا في جَوْن بَحْر بر المَركانْ المسمى بما ذكرناه جوهر كثير لاكن لا تحقيق في كثرته وأمّا الظاهر لا وجدوا مثل هذا. وقد قالوا أنَّ في شهر دُجَنْبِرْ العام الفايت صيدوا يوشة وفي داخلها دُرّة المحتمل عليها ما اكبر منها في العلم.	Méjico. Se ha descubierto una nueva pesquería de perlas en un paraje del golfo de Méjico, que no precisan las noticias, y que promete ser la más rica del mundo. Una ostra pescada en Diciembre último, contenia una perla que se supone la mayor que existe.
وثبت وزن ثقلها خمسة وسبعين قيراط فاشتراها سِيَاغٌ واحد بسعر أربعة عشر الف ريال وهذا قليل في ثمانها	Pesa 75 quilates y la ha comprado un joyero en 14.000 duros, suma inferior á lo que vale.
وقد صيدوا غيرها ووزنها سبعة واربعين قِيراط ومن لونها وكيفيتها الغريبة قد سوات في مكانها خمسة الاف ريال. ومنْ ما ظهر من ذالك يكون في تلك المكان خزنة كثيرة قديمة. وفي وقتنا هَذا سواحل الجون المذكور اعلاه اجلبت فيهم الناس من كل جانب ومكان بقصد ما يغنموا.	Se ha pescado otra de 47 quilates, de color y de forma, que en el sitio mismo ha sido pagada en 5.000 duros. Se cree, por esas muestras, que existen allí depósitos antiguos y extensos. Reina gran excitacion en las orillas del Golfo, es decir, que todo el mundo acude á tomar parte en el botin.
أَلَمَانِيَا خَوازِن بإفْريقية أنَّ فازِيطَة كلونية تبين ما سَيَاتي ذكره في شان خزين تاجر جعلهُ من رعية بُرُوسِيَة في ساحل إفْريقِيَة بين الجوف والمغرب.	Alemania. Factorías de Africa. La "Gaceta de Colonia" da los siguientes detalles sobre el establecimiento de una factoría alemana en la costa Sudoeste del continente africano:

فالتاجر المذكور حصل مرادهُ بالتمام. فاشترى من اهل تلك الناحيةِ كافة المرسى وحواشي الودان عن مسافة خمسة اميال وتمان ما ذكرناه قدر مكاحل وبارود الموفقين عليه في ما بينهم.	"La expedicion organizada por la casa Luderitz de Lubeck para crear una factoría alemana en la bahía de Angra Pequeña ha conseguido plenamente su objeto. El Sr Voghang, jefe de esta expedicion, ha comprado toda la bahía á los hotentotes, así como las riberas en un radio de cinco millas, por cierta cantidad de fusiles y pólvora.
والتاجر المذكور مقصوده بالبحث على معادن تلك الناحية لحصول المراد سيقدم لها مهندس ماهر في صنعة كشف مقاطعة النحاس الموجودة بدواخل البلد. وبخِلافِ ما ذكرنا فثلاثة قوافل من رعية بُرُوسْيَة قد خرجوا بقصدِ بحْث ما بارض طُنْكِيرْ وأفرِيكَنْدَرْ وبَنَارَصْ.	La casa Luderitz tiene intencion de explotar las riquezas minerales del país. Un ingeniero de minas aleman irá á examinar las minas de cobre que existen en el interior. Otras tres expediciones alemanas estan en camino para explorar los territorios de Tanker, Africander y de Banaras.
وأمَّا الارض التي اشتراها التاجر لُودَرِيتْسْ المذكور اعلاه مدادها قدر عشرة فراسخ أي ثلاثين ميلاً على الارياح الاربعة الجون والموضع المناسب لمرسية المراكب في الغاية والنهاية.	El territorio adquirido por la casa Luderitz ocupa una extension de diez leguas alemanas cuadradas (de 50 á 60.000 hectareas). La bahía está protegida por tres grandes islas. El puerto es excelente."

<table>
<tr>
<td>

فْرَانْسِيَة وَالشِّنْقَالْ

واخبارنا على الماهر بَيُولْ الفرنساوي انه عن قريب يكون رجوعهُ لفرنسية بعد سفره لبعد بلدان شنقال وبَمَكُونْ وتعيينه واد جَالُونْ صحبة القبطان قَلْيَانِي بقصد مريفته مع مشايخ الاراضي الاتي فيها منافعةِ التجارة ويحزرُ معهم شروط حيث ياقع بينهم وبين اهل مدينة شنقال واهل نيل السودان الم(رثة).

</td>
<td>

Francia y el Senegal. Dentro de pocos dias el doctor Bayol, explorador del rio Djallon y compañero del capitan Gallieni en su expedicion á Legon. El doctor Bayol habia recibido últimamente del Gobierno frances la mision de recorrer en union del Teniente Quiguandon, de Infantería de marina, las regiones que hay poco conocidas que hay en el Norte de Bamakon, estableciendo relaciones con aquellos jefes indígenas para establecer corrientes comerciales en direccion á los nuevos establecimientos fundados por los franceses entre Medina y el Niger.

</td>
</tr>
<tr>
<td>

واخبر ايضاً ان بمقتضى ما كتب من شنقال العلم بيُولْ قدم لِوَكُرِه ثمانية شروط مِمَّا وفقوه على التجارة اياه صوم(دة) شنقال المتوليين في نواحي السودان تحت حمية الفرنسية.

</td>
<td>

El doctor Bayol, segun dicen del Senegal, llega á Europa con ocho tratados concluidos con otros tantos reyezuelos negros que han aceptado el protectorado frances.

</td>
</tr>
<tr>
<td>

مِصْرَ

اخبار الكُثيرة تدل على قلتها. ففي منتصف الشهر هذا قد توفيت تسعة ارواح و40 في الاسكندريةِ ثلاثة ماية واربعة وثلاثين باقي أرض المصر. وقد ماتوا بعض قياد عسكرالانجليز.

</td>
<td>

Egipto.

El cólera tiende á desaparecer.

El día 14 ocurrieron nueve defunciones en el Cairo; cuarenta en Alejandría; y en el resto de Egipto trescientas treinta y cuatro.

Han fallecido, á consecuencia de él, algunos militares ingleses de alta graduacion.

</td>
</tr>
<tr>
<td>

وباخبار صابة اسبانيا قد ارخص فيها الحبوب من اجل كثرها.

</td>
<td>

En España la cosecha ha sido abundantísima, habiendo descendido notablemente el precio de los granos.

</td>
</tr>
</table>

واخبر ايضاً على وجه التحقيق أنَّ وزير دولة الاسبنيول المعد المعد بحكم البحر تَهَيَّأً على توجيه أموره لبعض الدرْشناتْ لتصنيع اربعة مراكب من اكابر غاية لزيادة في قوته في البحر.	Se asegura que el Ministro de Marina español ordenará en breve la construccion, en los astilleros de la Península, de cuatro grandes cruceros de guerra que aumentarán la escuadra.
ولنا باعلان كل من على اراض ان يطلع على صحيفتنا هذه أنَّ مقصود شهوتنا بتفريقها منّا هديةً وكرامةً على اهل المغرب الذين كانت لهم منفعة في قراءتها واصحابها لم يريدوا منكم فائدة فقط.	Debemos participar á nuestros abonados que este suplemento se repartirá y circulará grátis entre todos los habitantes del Mogreb que tengan especial interes en su lectura. La redaccion no quiere obtener lucro alguno.
	Al mismo tiempo ha decidido el Consejo de Administración de "El Eco de Ceuta" que la tirada de su suplemento en árabe tenga igual número de ejemplares traducidos al español; pues son muchas las personas —toda la colonia hebrea— que habla el riquísimo por todos conceptos, lenguaje del autor del Quijote, en la vecina ciudad de Tetuan; y se acompañará, á cada número en árabe, otro en español. Las personas del vecino Imperio que tengan interes en publicar algun anuncio en el Suplemento del "Eco de Ceuta" se dirigirán con dicho objeto al Doctor D. Celestino Garcia, quien dispondrá su insercion.

ABLA COMPARATIVA Nº 29

Árabe	Español
ولا غالب إلا الله هى طَنِينُ سِبْتَةَ مُلْحِقٌ مَقْصُودٌ بِالْمَغْرِبْ	¡Solo Dios es Vencedor! Suplemento al "Eco de Ceuta" Edicion especial para Marruecos
موضع مطبعة الصحيفة وبيعها بزنقة رِيَاكُو بالرسم الثاني منها بسِبْتة تبرُز يوم 1و8و15و22 من كل شهر	*En periódico* (Información ya suministrada en la cabecera del periódico en español, no es el suplemento árabe). REDACCION Y ADMINISTRACION Calle de Riego – núm.º 2 – Ceuta. Este periódico se publicará los días 1, 8, 15 y 22 de cada mes.
اثمان الصَّحِيفَة نقدها عن شهر واحد بسبتة 75 قسمة من بسيطة ايضاً بالجزيرة وبالمغرب ولكل ثلاثة شهور مُسبقة ""3 بصاصط	*En periódico* CONDICIONES DE LA SUSCRICION. En Ceuta… un mes… 0,75 de pesetas. En la Península… un trimestre adelantado… 3,00 – pesetas.
السنة الاولة	Sábado 15 de Setiembre de 1883 Traduccion coresp.te al núm.º 29.

يوم السبت الخمسة عشر في شتنبر سنة 1883 العدد التاسع والعشرون	*En periódico* Año 1. Sábado 15 de Setiembre 1883. Núm. 29.
وَقَدْ انشطنا غاية النشط وابلغنا من الاخبار على مملكة مراكشةَ. فَمِن جهةٍ نَصَرُ حضرة السلطان على قبيلة زَعَيْرُ وتَدْلى القائمين ومن ناحية اخرى اعلان شهورَ الوقار والمحبةَ للشريف العلاوي وأهلِهِ بمدة قيامهم بفاس الحاضرة حتى رجعواْ لطنجةَ.	Nos son sumamente gratas las últimas noticias del Imperio. De una parte, las importantes victorias alcanzadas por las tropas de S. M. el Sultan sobre las revueltas Kábilas de Sahié y Tedla. De otra, las vivísimas muestras de respeto y simpatías de que han sido, como siempre, objeto el gran Scheriff de Wasam y su familia durante su reciente viaje á Fez, de que ya se encuentra en Tánger de regreso.
وَمِن خالص محبتنا في جراننا اهلِ المغربِ يلزمنا بِتشريكِ فرحتهم وتأمُّلِهِمْ فلذلك لا زلنا نطلبوا الله على هناء برهم ونموئها وسرورنا على كافةِ الوقاعيةِ النافعةِ في ما يصلحُ بهم.	Nosotros, amigos sinceros de nuestros vecinos los habitantes del Magreb, no podemos prescindir de hacer nuestras sus alegrías y esperanzas; y por tanto; al par que hacemos votos por la tranquilidad y próspero provenir del pais, nos complacemos infinito con cuantos acontecimientos puedan influir en la consecucion de aquellos fines.

وَهَنِئاً لنا ولكم على اجُراءٍ أمْرِ رَعية المغرب بالسَداد الحاصِل من نصْرِ المُؤَيَّدُ بالله مولاي الحسن وإن كان حصول ذلك بالحزن والغيار من جانب مضرة عباد الله فيجَبُ لنا الفرحُ]...[ذلك ليسَ مِنهُ ربحٌ بَل هلاك .]..[صنايعة وخصارة الارقاب والمال حتى لا تقدِرُ الدول على ترتيب أمور السياسة النافعةِ للبُلْدَان وللتهِني لوفق الامور المخزنية مع مُلُوك اخرينَ وقت ضبطِ الشيءِ مثل الانْ.

El resultado decisivo de la última campaña de Muley Hassan sobre los insurrectos, en que estos han sido completamente derrotados, asegura el sosiego de aquellas provincias; y siquiera nos sea sensible y doloroso la sangre derramada inevitablemente por el necesario rigor de la ley en estos casos, debemos congratularnos de que la paz interior del Imperio se haya conseguido; pues estas frecuentes insurrecciones, ademas de las desgracias que forzosamente ocasionan con la inseguridad que producen y los perjuicios que á la agricultura ofrecen, lejos de ser ventajosas á cualquier país, anulan la industria, matan el comercio, y proporcionan inútiles sacrificios que mermando las fuerzas de la nacion y empobreciendo el Erario público, hacen imposible que los gobiernos puedan plantear é introducir las convenientes reformas en su propia administracion y organismo, ni atender con tranquilidad y acierto al más poderoso resultado de diplomáticas negociaciones tan ineludibles en los momentos presentes.

ولا خَفَا ولا تدرقَ عنا ايضاً مباجَلة الشريف الحسنى العلَمي سيدي ج عبد السلام الوزاني في كافة البلدان ووقار اهلِه وذلك من عزِه ومحبة مقامِه عند كافة الناس من حضرة السلطان الى ءَاخر اشخاص القبايل لانه من حلمته مشارك الودِّ الشديد بين سُكان مراكش ودولتِه وذلك من علاءِه المقام ومن علمِه وفهمه ومحبة الناس فيه عند اهل اِرَّبَّة ونحن على ذلك ولا زلنا بمدح جراننا من محبتِهم في امور الحاضرة.

Tampoco pueden pasarnos desapercibidas ni dejar de sernos satisfactorias la alta y merecida consideracion que en todo el país sin excepcion disfrutan El Gran Scheriff Sidy el Hach el Arbí y su respetable familia; pues este importante magnate, amigo cariñoso de todos, desde S. M. el Sultan hasta el último indivíduo de las Kábilas, representa por su amor al pais y benévolo carácter el más subido lazo de union entre el pueblo Marroquí y su gobierno, al par que por su elevada gerarquía, por su ilustracion é inteligencia y por las merecidas simpatias que en Europa disfruta, simboliza en el interior una civilizacion de que nunca hemos dudado sean capaces nuestros vecinos.

ومِن مشاركة هذه الاساسات المُثمنة واثار الصلح نحن متشفقين على زيادة الغناء عند الجانبين من اجل نُمُوءِ الصنعةِ والفلاحةِ والتجارة ورجاؤنا أيْضاً ان تجديد تصريفَ أمورِ الدولةِ يجلبوا بصرعةِ عظامةِ الكسب والبخت المنالِ غرضها لمملكة مراكشة.	La íntima union de estos valiosos elementos y la consecucion de la paz, nos hacen entrever la alagadora esperanza de que se ofrezca más amplio y despejado horizonte al aumento de la riqueza pública, con el desarrollo de la industria, de la agricultura y del comercio, y que ventajosas reformas en la administracion conduzcan al pais; pues rápidos y seguros derroteros al engrandecimiento y ventura que tanto deseamos para el Imperio de Marruecos.
إِسْبَانْيَا	España.
إنَّ حضرة السلطان دُونْ أَلْفُنْسُو الثاني عشر لا زالَ بسَفَرِهِ وبعدَ جوازِهِ على فرنسية يوم سبعة في شهر التاريخ وَرَدَ لمدينة مُنِيشْ وفي إِنْزَالَةِ طريق البابور قد كنا مُعايِنينَ اليه اميرُ مملكةِ بَبِيَارَا وزوجته أُخت مَلِكُنا المؤَيَّد بالله والكندَ زَدْشْ وكاتبُ أميرُ وَيِنْتَرْهَدْ والفقيه الماهِر شُرُويِسْدَرْ وخليفة قنصل إسبانيا وغيرهم.	S. M. el Rey D.ⁿ Alfonso XII continúa su viaje por el extranjero. Despues de atravesar la Francia llegó el día 7 á Munich. Era esperado en la estacion por el príncipe de Baviera y su esposa doña Paz, el conde Zech, el secretario del príncipe Winterhed, el doctor Schroeder, el Sr. Kasipal, viceconsul de España, y los Srs Zubino y Fabié.
وبَعْدَ سؤالِ بعضِهم بعضاً ذكر سلطان مملكة بَبِيَارَة ان حضرة ابيهِ اوصاهِ بالمسامحة لغيبته من اجل إشتغاله في تحريبِ عسكره بخليج إِسْتُرْنْبَرْكْ ثُمَّ بعد تعريف بعْضِهم بعضاً وتعريد السلام الواجب ذهبوا لقصرٍ قريبْ مدينةٌ مُنِيسْ المذكورة أعلاه.	S. M. el rey y la infanta D. Paz se abrazaron fraternalmente. El príncipe de Baviera disculpó la ausencia de su augusto padre, el que se halla ocupado en las maniobras militares del lago Storemberg. Despues de las presentaciones y saludos propios del caso, se trasladó la régia comitiva al real sitio de Nymphemburgo, á corta distancia de Munich.

وإنَّ مَقَامَ سلطاننا أوصَى بكبيرِ بيتهِ على جِفظِ ترتيبِ أمورِ نواظِرِ العسكرِ وذلك أوْصَى أيْضاً غيره من اكابرِ عسكر التراس على تنبيه ترتيبِ مثالهِ وكبير طبجيتهِ اوصاه على مثالهِ وعسكر الخيالةِ وءاخر مذاكرتهم كبير المهندسين اوصاه على ما تابع الحصون حَيْث بعد إجتماعِهم ينظروا ما يصلحُ لدولة اسبانيا.	El Rey ha encomendado al jefe de su cuarto militar general Blanco, el estudio de la organizacion del Estado Mayor general; al mariscal de campo Sr Goicoechea, la del arma de infantería; al coronel de artillería, conde de Mirasol, el de las armas de caballería y artillería; al ingeniero militar Sr. Rey, las fortificaciones, para que reunidos todos los datos, se discutan las reformas que pueden ser aplicadas al ejército español.
وذلِكَ التحفظِ يَعُمُّ على ترتيبِ الجنود وتحصينَ الحصون على كيفية مملكة النمسة وبُروسْيَا وفرَانْسيَا وما ذَكَر بمُرَاسَلةِ مدينة مُنيشْ موافِقٌ على أن مقام سُلطاننا مُبجَّلٌ مكرمٌ معظمٌ بالحضرة المذكورة وغيرها لبلدان الذي جاز عليهم. ويوم التاسع من تاريخ هذا قد خرج سُلطانُنَا بسلامة القدرةِ قاصِدُ قاهرة النمسة هى	El estudio alcanzará á la organizacion del ejército y á la fortificacion de plazas fuertes en Austria, Prusia y Francia. Los despachos de Munich están contestes en que el rey de España ha sido objeto, en aquella capital, de las más respetuosas muestras de deferencia, particularmente en la Exposicion de pintura y en el teatro. El día 9 salió el monarca español con direccion á Viena, capital del imperio de Austria.
وقد ذوبوا بدَرْسَنةِ مرسى مدينة الفَرُّولْ وَاحِدةً محافظ الالات ذوات قوة أرْبعة ءالف خيل المعينة لمراكب البابور المقصودين لعسة السواحل المسمين بالفنسو الثاني عشر والسلطانة كُرِسْتِينَة وبالظاهر ان لا يلزم بِوصَايَةِ الاتِ ءاخرين لِبَرِّ الاجليز من دن الالات المعينة لبابور أخر مقصود خدمة مثل ما ذكرنا سابقاً الذي على أثرِ كمال نشائهِ بدرسنة مرسى قَرْطَخَانَة هى	Se ha fundido en el arsenal de Ferrol una de las armazones principales de las máquinas de 4000 caballos que están construyendo para los cruceros Alfonso XII y Reina Cristina. Parece que ya no se encargará á Inglaterra más que la máquina destinada al crucero que se construye en el arsenal de Cartagena.

بَرِّ التُّرْكِ

وَقَدْ كُتِبَ من قاهرة قسطنطينية لِكَزِيطَةِ من كوازط الانجليز المسمية أَلْإِسْتَنْدَرْدُ أَعْنِي العلام قائلاً أَنَّ أَرض الترك وقَرَدَنِيزْ ثبتت بينهم محدةً بلا شك. وإنَّ العثماني قُبِلَ ما كان مُنَبَّهاً بالوفق المتم بإبريلْ العام الماضي. وبمقتضى الوفق المذكور دولة الترك تركت لقردنيز مسافة أرضٍ ممدودة وقَرَدَنِيزْ سلّم للعثماني بعض بلدان المسلمين. ومن ذلك إِيَالَةِ أَلأزْنَوطْ ليس بينها وبين الترك تعريض اذا قامت معجزة بَيْنَهُم.

Turquía

Telegrafian de Constantinopla al Standard que las fronteras turco-montenegrinas se han establecido definitivamente.

La Puerta ha aceptado la línea indicada en el convenio de 18 de Abril de 1882. Por este convenio, Turquía abandona un distrito bastante extenso al Montenegro, quien, por su parte, cede al imperio otomano algunas poblaciones musulmanas. A consecuencia de este acuerdo, la posicion estratégica de Turquía, en lo que se relaciona con sus comunicaciones con Albania, quedará intacta.

فرانسيا

وأنَّ احوال فرنسيا ودولة السند قد قرّبت نحبها ودولة الفرنسيس وجهت مراكبها والعسكر غير ما كانوا والانكليز لحق بمراكب اخرى على مراكبه في تلك البحور. وذكِرَ ان دولة الايلات المجموعة المركانية قد وجهت عن طريق السلك لبشدورها بمدينة بَكِينْ الحاضرة حيث يخاطب دولة السند بوسطتها في اصطلاح ما بينها وبين الفرنسيس وجميع الاجناس كلهم مشتهدين بالصلح من اجل معاينة السند في الفرنسيس.

Francia.

El estado de relaciones entre Francia y el Celeste Imperio, á consecuencia de la cuestion del Tonkin, deja bastante que desear; es más, se agrava por momentos.

Francia aumenta sus fuerzas de mar y tierra en aquellos mares, é Inglaterra envia nuevos buques á las aguas del mar de la China. El Daily-Chronicle, de París, dice que la embajada americana ha telegrafiado al ministro plenipotenciario de los Estados-Unidos en Pekin, para preguntarle si el gobierno de la China aceptaria el arbitraje de los Estados-Unidos para dirimir las cuestiones pendientes entre el gobierno frances y el Celeste Imperio.

وقَدْ وقع في بحر شمال إسْبانْيَا فَرْتُونَةٌ كبيرة من اجل الريح العاصف الذي صار في هذه الايام القريبَة.	En los mares del Norte de España, han ocurrido siniestros marítimos importantes á consecuencia de los furiosos temporales que han reinado en estos últimos dias.

صَنعة إسْتِنْفَاعُ اعظام سبول التُّركية ومِثلُها. فوقع التجريب لحصول المنافعة من اعظام السبول التركية فصدَّر من ذلك استخراج ـ مادَّةٌ ماويةٌ مثل الماحية واستعمالها بِغليانِ الاعظام المذكورِ في الماء قدر ساعة وَنِصْفُ غِلاءٌ شديدٌ وبعد ذلِك يُقَطِّرُ في القطارة مثل جملة المقطرات ومستنبط ما ذكرناه قال ان حصول المادة المذكورة فائدتها عن البطاطة الفائقة وامَّا الدُّرْد له ثمان من اجل منفعته لتغبير الارض هى	Aplicacion de las mazorcas de maíz.

El mazorco que queda como resíduo despues de desgranado el maíz, que no habia tenido, por lo general hasta ahora, otra aplicacion que como combustible; puede utilizarse, segun Fried-Hoel, de Worms, como primera materia para la fabricacion de alcohol, lo cual consideramos nosotros de sumo interes para un país como el nuestro, en donde el maíz forma uno de los principales ramos del cultivo de nuestros campos.

Los expresados mazorcos contienen almidon, glúten, albúmina vegetal, C.ª, ó lo que es lo mismo, las necesarias condiciones para la obtencion del alcohol, de ese hasta ahora no estimado resíduo, y la vinaza que resulta constituye un excelente forraje.

Para la obtencion del alcohol de los mazorcos de maíz, no hay más que someterlos á una coccion de una hora á hora y media al vapor y y á una presion de dos y media á tres atmósferas, consiguiendo por este procedimiento que se desegreguen todos los tejidos del mazorco, abriéndose, por consiguiente las células que contienen la fécula y que esta quede libre; verificado lo cual, no hay más que llevar á cabo la sacarificacion y la destilacion en la forma ordinaria.

El inventor asegura, que el rendimiento en alcohol será igual al de las patatas de mejor calidad, y que el valor de las vinazas como forraje, superará al de las que proceden de dichos tubérculos. |

111

إِعْلَامٌ

ومن ذكر مترجِم صحِيفة طنين سبتة إن اتاه الخبر من المغربِ على شأُن أهله لم يفهموا الفاضنا النحوية فمرادهم ببيان الاخبارِ بالكلامِ الجاري بين العوام الجاهلين باللُّغَةِ العربية فنحن لم نتيقوا بذلك لاكن إذا كان فيكم من لا يُفهِمُ كلام الصفحة المذكورة يُجَاوِب بتوجيه العنوانِ سَعادَةِ ترجمان دولة إسُبانيا بِأزَاءِ حضرة حاكم حُصْنِ سبتة و[...] بعض الفاض ليس [...] باللوغة العربية [...].

Habiéndose enterado el traductor del Suplemento á "El Eco de Ceuta" que los habitantes de Marruecos desean que se publique la traduccion en términos vulgares, por no entender las frases gramaticales en que va redactado; y sin embargo de que se le resiste dar crédito á la noticia, desea se le consulte cualquier dificultad dirigiéndose para ello al Intérprete de España, cerca del General, Excmo Sr Comandante General de Ceuta.

ABLA COMPARATIVA Nº 31

Árabe	Español
ولا غالب إلا الله هى طَنِينُ سِبْتَةَ مُلْحَقٌ مَقْصُودٌ بِالْمَغْرِبْ	**¡Solo Dios es Vencedor!** Suplemento al "Eco de Ceuta". Edicion en árabe. Edicion especial para Marruecos.
مُقِرُّ مُلَازِمُ الصحِيفةِ ومُصَرِّفُهَا بِزَنقةِ رياكُو بالرسْمِ الثاني منها بسبتة	*En periódico* (Información ya suministrada en la cabecera del periódico en español, no es el suplemento árabe). REDACCION Y ADMINISTRACION Calle de Riego – núm.º 2 – Ceuta. Este periódico se publicará los días 1, 8, 15 y 22 de cada mes.
تبرز مَجَّاناً اي بلا شيءٍ كل يوم الأوَّل والثا[...]	*En periódico* CONDICIONES DE LA SUSCRICION. En Ceuta… un mes… 0,75 de pesetas. En la Península… un trimestre adelantado… 3,00 – pesetas.
السنة الاوَّلى يوم الاثنين الأوَّل في كتوبر سنة 1883 العدد الحادي والثَّلَاثونَ	Lunes 1º de Octubre de 1883. Traduccion correspond.ᵗᵉ al núm.º 31. *En periódico* Año 1. Lunes 1º de Octubre de 1883.

	Núm. 31.
ولا زَال في الدنيا وجودَ عادةَ مَهَوِّلَةَ يستعار بها الانسانُ ويتوضَّحَ غرضهُ بروز النحس الحاصِل لهُ منها حتى يَسُوَدَ اعلا الأُصُولِ فاشتغالُنا اليوم بما نستعيرو منهُ وهُوَ العُبُودِيَّةَ اي البيعُ والاشتراءُ في العبيد.	Existe, aún para oprovio de la especie humana, una horrible costumbre, mancha que aún por desgracia sobre ella pesa empañando las más brillantes epopeyas de la historia y esa costumbre de que con pena vamos hoy á ocuparnos es la esclavitud.
وكلامُنا في شأنِ العبودية الاسيفة المُستفسِرُ عنها تجارةً تَبْطُلُ بها الحرية. واعلم ان الحرية قد عظَّم الله بها الانسَان والعُبودية تقلل مقامهُ حتى تُطرِحُهُ لدرجةِ النجاسة وتجعلهُ مثل الحيوان او مثل ارذل الحوايج.	¡Esclavitud! Triste palabra que designa un comercio que mata la hermosa libertad con que dotó al hombre su Creador y le rebaja á la inmunda condicion de una bestia: de una cosa.
واعلم ان الله رزق الانسان بنور الفهامة ليتعلَّا بها ويدرك بين المليح والقبيح وزاده قدرة الغرض ليخير ما يستوا له كان شأنُهُ كبيراً ام صغيراً وجنسهُ من أَيُّها الاجناس وخلق بأيُّ أَرْضٍ كانت وصدق من ذوات العقل المشهورين بالعلم او من المذمومين بالجَمَدِ من اهل الهنود او من بَرَ أُرَّبَّة او من جنس السند او من العرب وكان لونهم اسود او حمراني او ابيض.	Todo hombre, cualquiera que sea su condicion y raza, cualquiera la región de la Tierra en que haya tenido la suerte o la desgracia de nacer; cualquiera por fin que en parte sea el desarrollo de su razon, desde el más atrasado caribe hasta el sabio más profundo, así el Indio como el Europeo, ó el Chino como el Arabe; y lo mismo que ostenta en su piel el negro color del ébano, que el dorado del cobre ó el blanco del armiño; tiene impreso en su ser un destello sublime de inteligencia apta para discernir entre lo bueno y lo malo, y una voluntad capaz de aceptar lo que mejor le cuadre.
وبذلك كل حيوانٌ ناطِقٌ لَهُ الحُرِّية وحيث كان والِدُنا والدّ واحدٌ ونحن بَنُو اعادم صارت عيلتنا عيلة واحدة وياجب علينا نكونوا مثل الاخوان.	Todo ser racional es por lo tanto libre, y como al propio tiempo todos descienden de un padre comun á quien todos por igual se deben, pertenecen á una gran y única familia y han de considerarse como hermanos.

Esclavizar al hombre, matando su libertad es oponerse á la voluntad del Creador, destruyendo sus obras. Vender ó comprar á un semejante cual si fuese una indigna mercancía, es un acto que la conciencia y que la humanidad rechazan y que ningun hombre bueno puede ejecutar sin experimentar en su ser una íntima repulsion, hija de su propia naturaleza. Asi sin duda lo han comprendido desde la antigüedad los Mahometanos cuando tanto consignan en sus leyes preceptos de caridad y proteccion para sus esclavos y cuando la mayor satisfaccion y gloria á que puede aspirar un musulman es á conceder la libertad al mayor número posible de aquellos infelices.

Asi tambien lo practican para buen ejemplo, digno como en todo de imitacion, el Respetable Gran Scherif de Wassam y su familia que no sólo han emancipado á los esclavos que tenian, si que ademas trabajan con fe por aconsejar á todos igual recomendable conducta.

Benditos sean todos aquellos que inspirándose de un sentimiento de justicia y caridad practican aquel axioma de moral universal que dice: "no hagas con los otros lo que para ti no quieras".

ومن بطل حرية الانسان بملكيته قد تعرض لمراد خالقِهِ بافناء اعماله سبحانه. ومَن باع او اشترى انسان مثل السلعة لا بد من قلة الحنانة في قلبِهِ اذا ما سخف عن شبيهة خليقته. ومن غير شكٍ هذا ظنُّ المسلمين من أول وقتهم لان وِصاية الاكرام وحماية في المماليك لا زال في كتوبهم ولا يخفى عنا غراضهم بعتق العبيد وقت الفرح او الموت قصد إستشار الهمة.

وكذلك فعل حضرة الشريف المجبل الحسني العَلَى سيدي الحاج عبد السلام الوزاني قطب طنجة واهله وافعلوا مثله. ونَطلب الله تعْلى ان يرزق لتابعين الحق ومشاهدة العلم وبجميع المحننين التابعين بالاحسان والاجمال مثل ما ذكر ولا تفعلوا ما لا تطيقه.

إِسْبَانْيَا	España
وإن مقام السلطان دون أَلْفُنْسُو الثاني عشر حضر مع توابِعِهِ كبار العسكر على تحريب جنود ممالك بروسيا وبر النمسة وقَد فرحوا به جميعهم ولا زالوا عنده بتوضيح الوقار والتكبير. وعلى ما ذكر لما يساهل الله برواحٍ مراده بالقيام بقاهرة مملكة بَلْجِيكُ. ويوم 29 من التاريخ يكون بباريز بعون الله ويوم 3 كتوبر يدخل قاهرة مجريط.	S. M. el Rey Don Alfonso XII, con los generales que le acompañan, ha asistido á las maniobras militares de Alemania y Austria, siendo objeto de las más afectuosas distinciones por parte de los Emperadores de ambas potencias. A su regreso, permanecerá dos dias en Bruselas. El 29 estará en Paris y el 3 de Octubre llegará a Madrid.
وبجوازط الجنوس يتكلمون على شروط قد حُرِّرَتْ مع ممالك لم يعرفوا محصلهم.	La prensa se ocupa con insistencia de alianzas que no sabemos hasta ahora que fundamento tengan.
فْرَانْسْيَا	Francia. Continúan pendientes las negociaciones entre el gobierno frances y el Emperador de China con motivo de la guerra del Tonkin. Las últimas maniobras del ejército frances han dejado mucho que desear.
والامور التابعة للصلح بين دولة الفرانسيس وسلطان السند من اجل ما وقع بتَنْكِينْ لازالت متوقفة. وما اخبر على ءاخر مقابلة عساكر الفرانسيس لا خير فيهِ.	
اخبار مختلفة	Telégramas oficiales recibidos en el ministerio de Estado dan cuenta de haber desaparecido completamente el cólera de Egipto.
وقَدْ ورد بدار وزير الامور البرّانية بحضرة مجريط جواب السلك على ان مرض الكليرة قد انتهى حسها بارض المِصْرَ.	

Las noticias que se reciben del extranjero, conformes todas en que la cosecha de cereales ha sido mediana, si no mala, en la mayor parte de Europa, hacen que en nuestros mercados se note una paralizacion y una reserva que no eran de esperar.

El comercio teniendo en cuenta lo excelente de la cosecha en nuestro pais, pretende rebajas en los precios, en tanto que los cosecheros, ante la espectativa del mayor lucro, si las demandas se acentuasen, se niegan á ceder sus existencias, prefiriendo aguardar hasta ver el rumbo que toman los mercados del extrangero.

En esta situacion, apenas si se opera más que lo preciso para el consumo diario, y sólo venden aquellos que tienen absoluta precisión de hacerlo.

ومن اخبارِ بلدانٍ غيرنا ثابت ان صابة الحبوب بكثرة بلدان أُرَبَّة على قد الحال ولذلك وقع في اسواقنا كسد البيع والاشتراء. وتجَّار غير بِلادنا يطلبون من فلاحتنا البيع حيث وجدوا عندنا الصابة وامَّا الفلاحين عرفين بقلة الصابة عندهم واما البيع غير الذي يكون يحتاج وهذا سبب الكساد المذكور.

Hé aquí el precio corriente de los granos y semillas en las provincias andaluzas en los últimos dias del pasado mes.

زَمامُ اصعار الحبوب وزرعات وغيرها الموجودين باسواق ايالات الاندلسِيَّة في اخر الشهر الماضي. أَصْعَارٍ من ءالى

قمح الشاحت الزِّريعي 46.42	Trigos fuertes del país
أيْضاً مخلط من اجناس .. 44.42	y extremeños ....…… de 42 á 46
أيْضاً بيوض صافي 44.43	Id mezclillas .... de 42 á 44
أيْضاً [...]عربان اعنى من غير قشرة 43.43	Id blanquillos candeal .... de 43 á 45
أيضا مكرَّكب 40.36	Id blancos pelones .... de 43 á 45
أيضا حميمر 44.42	Id tremes .... — 36 a 40
شعير بلدي 21.12	Id piche ....…... — 42 á 44
أيضا شرقي 20.19	Cebada del pais .... — 19 á 21
فول رقيق 37.36	Id de Levante .... — 19 á 20
أيضا اصله من ثَغر الجديدة 36.35	Habas menudas .... — 36 á 37
أيضا من بلد تَرَّكُونَا 40.35	Id mazaganas .... — 35 á 36
زوان 50.46	Id tarragonas .... — 38 á 40
حمّص خشين 140.90	Alpiste .... — 46 á 50
أيضا متساوي 90.70	Garbanzos gordos ....— 90 á 140
	Id menudos á medianos .....— 70 á 90

		Alberjones .... — 38 á 40	كُرفالة 40.38
Altramuces .... — 24 á 30	تَرمَسْ 30.24
Maíz del pais .... — 37 á 38	تركية 38.37
Avena negra .... — 18 á 19	أزَكُّون أسود 13.18
Id rubia ....— 17 á 18	أيضاً احمر 18.17
Harina de Castilla de 1.ª .....— 19 á 20	خالص كَسْتِيلْيَا من الفايق 20.19
Id de 2.ª .... — 18 á 19	أيضا ثاني 19.18

En Aragon corrian en la misma época los pre-cios siguientes.	وباسـواق أرَفُونْ في التاريخ المذكور كانت الاصعار من ءالى
Trigo chamorro .... de 30 á 34	قمح 34.30
Id candeal .... de 31 á 32	أيضاً بيوض 32.31
Id id inferior .... de 30 á 31	أيضا حميمر 31.30
Royo .... de 30 á 31	أيضا عُرِفَ بخيخة 31.30
Jeja .... de 30 á 31	أيضا عرف بأَبُرُكُنْشَا 26.24
Morcacho .... de 24 á 26	أزَكُّونْ 18
Centeno .... de 18	شعير 18.17
Cebada .... De 17 á 18	

| Los comerciantes de Ceuta compran en Lara-che algunas respetables partidas de habas y de garbanzos. | وَإنَّ تجار سبتة عزمين على اشتراء بالعَرايش قدرٌ بليغ من الشعير والحمص. |

وإنّنا سمعنا من احد المعينين من دولة إسبانيا والمغرب إنَّ وقت قيامهم براس جوبي قد جُرح مسلم بمكحلة وكان الجرح ضائمه الى ان صار يتمرغ على وجه الارض فالطبيب الانجليز الذي بإنْزالةِ مِسْتَنْزَ

119

مَكَنِّي لم يسخف على المضرور ولا يباليه فاستغاضوا من ذلك الفعل جميع الحاضرين وعيبو على الطبيب حيث واجب عليه بعلاج عباد الله سواء بالاجارة او بالمهرة.	
ونخبركم بأنَّ جماعةَ المعينين من دولة اسبانيا ودولة المغرب وصلوا لقاهرة الجزور الخالِدات واردين من ساحل إفريقية وهِي مُكَلِّفَةً باذن حضرة السلطان مراكشة لبَحْثِ فتح المراصي النافعة بناحية ءاخَر حكمه الجوفي. والمعينين المذكورين عرضوا على المقام الشريف انه يبني مراصي باي موضع كان من الاماكن الاربعة المسمية بسيدي محمد وإفني واربيش والسقة.	Ha llegado á las Palmas (Canarias) procedente de la costa africana, la comision hispano marroquí encargada por el sultan de estudiar los puertos que le convenga abrir en la parte más meridional del imperio. La comisión ha propuesto al soberano marroquí que construya puertos en cualquiera de los cuatro puntos siguientes: Sidi-Mohamed, Ifni, Erbich y Assaka.
وإنَّ مقام السلطان إسْبانيا ورد لمملكة البلجيك وقبلوه بالفرح والعز. وبوطنِ الفرنسيس يرجو له في حضرته الفخيمة بغاية الحرقة ليقبلوه بتوضيح الفرح الشديد.	Ha llegado á Bélgica el Rey de España Don Alfonso XII, siendo cariñosamente recibido. En Francia se le prepara una calurosa ovacion.
وءاخر ما اخبر من بلد أَنُوي أنَّ القائمين على دولتِهم بالعلام الاسود قد سلموا في مدينة سُوطَائْ وفي قصبتها. وذكروا أيْضاً ان اهل انام قد دخلوا حشية الواد اليُمْنى وهربوا للشمال. وكثِير من مشايخهم دخلوا تحت طاعة امين دولة فرانسية.	Las últimas noticias de Hanoi alcanzan al 16 del mes anterior. Segun ellas, corría allí el rumor de que "los banderas negras" habían abandonado á Soutay así como la ciudadela. Añaden que los annamitas han evacuado las aldeas de la orilla derecha del río, retirándose á la izquierda del mismo. Numerosos mandarines se habían sometido al comisario francés monsieur Hermand.

واخبر من الجزيرة على صناعة شأُن بابور البر من مدينة مالقة الى مدينة الجزيرات بتحييده على جبل طارق.	Tenemos noticias de la península sobre el proyecto de una vía-férrea desde Málaga á Algeciras, con desvío de Gibraltar.

TABLA COMPARATIVA Nº 32

Árabe	Español
ولا غالب إلا الله هى طَنِينُ سِبْتَةَ مُلْحِقٌّ مَقْصُودٌ بِالْمَغْرِبْ	**¡Solo Dios es Vencedor!** Suplemento al "Eco de Ceuta". Edicion especial para Marruecos.
مُقِرُّ مُلَازِمُ الصحيفةِ ومُصَرِّفُهَا بزنقةٍ رياڤو بالرسمِ الثاني منها بسبتة	*En periódico* (Información ya suministrada en la cabecera del periódico en español, no es el suplemento árabe). REDACCION Y ADMINISTRACION Calle de Riego – núm.º 2 – Ceuta. Este periódico se publicará los días 1, 8, 15 y 22 de cada mes.
تُبْرِز مَجَّاناً ايُّ بلا شيءٍ كُل يومٍ أوَّل وثامن وخامس عشر و22 من كل شـهر	*En periódico* CONDICIONES DE LA SUSCRICION. En Ceuta… un mes… 0,75 de pesetas. En la Península… un trimestre adelantado… 3,00 – pesetas.
السنة الاولى يوم الاثنين الثامن في كتوبر سنة 1883 العدد الثاني والثلاثون	Lunes 8 de Octubre de 1883. Traduccion correspond.ᵗᵉ al núm.º 32.

	En periódico Año 1. Lunes 8 de Octubre de 1883. Núm. 32.
اخْبَارٌ على شـأُنِ ثلاثةٌ من اهل مراكشة القارئين في الحال بمدرسة مُهندسين دولة إسبانيا المسمية مدرسة وادالاخرة.	Noticias acerca de los tres marroquíes que estudian actualmente en la Academia de Ingenieros militares en Guadalajara.
فإسْم كبيرهم سيدي احمد بن ج عبد الله بن شقرون الذي كان أمين بمدينة فاس المولود بها هذه 31 سنة وثانيهم بمقتضى صغره هو سيدي عبد السلام بن التَّهامي الفاسي وولد برباط الفتح هذه 27 سنة ومن صغره مولوع بالتجارة.	El mayor de los tres se llama Hamed ben Schakrim, es natural de Fez, hijo de Hach Abbas Ben Schakrim, propietario y Admor que fue de dicha ciudad: tiene 31 años. El segundo, por órden de edad, es Abd-Eslam el Fasi, natural de Rabat, hijo de Tahame el Fasi (de Fez). Es soltero, de 27 años y su primera ocupacion fué el comercio.
وصَغيرهم سيدي محمد بن ج محمد الشّدّادي المولود أيضاً بالرّباط هذه 26 سنة وكان مثل صاحبِه الفاسي مولوع بالتجارة في صغره مشترك أبيهِ.	El más jóven de los tres, Mohamed Schedadi, natural de Rabat también, tiene 26 años, es soltero, hijo de Hach Mohamed Schedadi, y como su compañero el Fasi, se dedicó al comercio, en sus primeros años, en compañía de su padre.
ومن محبتهم في الاسلام اول تاديهم حفظ القرءان مع والديهم الى ان امر حضرة السلطان برحلهم لثغر طنجة. وكان بن شقرون اول ما سفر منهم فكان ذلك عام 1874 الموافق 1292 من الهجرة	Como buenos Mahometanos, su primera educacion consistió en el estudio del Corán, permaneciendo al lado de sus familias, hasta que por órden del Emperador, se trasladaron a Tánger; Ben Schakrim el año 1874 (1292 de la Hegira) y Abd-Eslam el Fasi, y Mohamed Schadi en 1875 (1293 de la Hegira).

والفاسي والشدادي سفروا في 1875 المقابل 1293	
وَكان مراد الحضرة الشريفة حصول جماعة من اهل المغرب مميزة بتأسيس حفظها العلوم الحادث إستنباطها المركب عليها صنعة الحربِ وظنهُ أيْضاً اياده الله ان يحصل هؤلاء التلامِذ على العلوم يصدق منه بعد مدة قريبة تجديد تقصير المبنى على العلمِ في كافة مملكته.	Era objeto del Emperador de Marruecos, formar un núcleo de jóvenes marroquies instruidos, que estudiando en Europa los adelantos de las ciencias aplicadas al arte militar, pudiesen más tarde difundirlas en su pais, y ser como la base de su regeneracion intelectual.
وحَيث المرغوب بما ذكرناه اجتمعوا بثَغر طنجة وَقت قيام التلامذ المذكورين فازدادُوا عليهم خمسة عشر اخرى لتوجيههم لبر فرانسية وإطاليا والانجليز والبروس.	Asi, que al mismo tiempo que los hoy alumnos de Ingenieros militares reunidos en Tánger, otros quince jóvenes, con igual objeto, fueron despues destinados á Francia, Italia, Inglaterra y Alemania.
وبمدة قيامهم بطنجة اشتغلوا بحفظ لسان الاسنيول واصل ابتداء من علم الحساب والجغرفية واما بن شقرن حفظ ايضا لسان الانجليز ويَوم 13 كتوبر عام 1878 الموافق 1296 من الهجرة دخلوا للجزيرة ثم بمدرسة الأَسْكُرْيَالْ.	Durante su permanencia en Tánger, dedicaronse al estudio del idioma español y de las nociones más indispensables de Aritmética y de Geografía: Ben Schakrim estudió así mismo el Ingles. En 13 de Octubre de 1878 (1296 de la Hegira) vinieron a España, ingresando en el Escorial – en el Colegio.
وفي المدرسة المذكورة زادوا تعليمهم بلسان الاسبنيول والجغرفية والحسابِ واشتغلوا بحفظ التوارخ العلام خصوصاً توارخ اسبانيا وعلم ابتداء الجَبَر وكملوا بتصوير التصطر وركوب الخيل واشقار السلاح.	En este Colegio, se perfeccionaron en el idioma Español; ampliaron sus conocimientos de Geografía y de Aritmética, y se dedicaron al estudio de la Historia Universal y de España, del Algebra elemental, completando esta instruccion preparatoria con el Dibujo lineal, equitacion y esgrima.

ثُم بعد ذلك امر عليهم حضرة السلطان بتعليم الهندسة المخزنية فدخلوا الى مدرسة وادالاخرة يوم اول شتنبر عام 1880.	No les fué permitida la eleccion de Colegio militar en donde hacer sus estudios; ordenándoles el Emperador se dedicasen al conocimiento de la ciencia del Ingeniero militar; y con este objeto ingresaron en la Academia de Guadalajara en 1.º de Setiembre de 1880.
ومن ساعة دخولهم قبلوهم اصحابهم بالفرح والسرور وصنعوا لهم طعاماً واتوهم بالشرب فاكلوا وشربوا وفرحوا مع بعضهم بعضاً وعقدت بينهم المحبة.	Captáronse, desde luego, las simpatias de todos los alumnos de la Academia, quienes recibieron cariñosamente á sus compañeros de estudios (los jóvenes marroquies) y dieron en su obsequio una comida en la que no escasearon los brindis y las manifestaciones de cordial afecto.
واما تجريبهم في ما حصّلوه في حفظهم فوجدوا انهم بالغين في امورٍ كثيرة لاكن لا زال يخصهم بتمثيلهم مبتدئين مطلعة ما يلزم حفظهم في السنة الاولى.	Aunque su educacion preparatoria era bastante estensa, no lo era tanto cuanto se exige para el ingreso en la Academia de Ingenieros, como necesario para el estudio, con toda estension, de las asignaturas, cuyo estudio es de la competencia del Ingeniero militar.
فوقفو عنهم لكمال ما يخصهم وجَعلوا لهم تعليم مخصوص بذمتهم في وقت قراية نصاب الواجب وقد لبسوهم كسوة المأمور عنها وجعلوهم يحضرون على الموجبات كلها من دون امور التابعة للدين. وقد علموهم الى الان على قدرِ طيقتهم بموافقة معرفتهم وقت دخولهم للمدرسة.	Fué preciso, por tanto, dar á los nuevos alumnos, cursos especiales, bajo la direccion de profesores y ayudantes de la Academia; si bien asistian á ella á las mismas horas que los demas alumnos, concurriendo á todos los actos con el mismo uniforme; á excepcion, como es natural, de los actos religiosos. En dichos cursos se les ha enseñado todas las teorías posibles con el desarrollo que permitía la base científica con que ingresaron en la Academia.

وقَد حفظوا هندسة العَرَضِ وعلم تثليث الزاوية. ومطالعة تفسير الهندسة في وارد الخط المستوري وبالمصيفة. وعلم تصوير الارض بتناول ممارسة الماعون الموافق لخدمة قياس الموصوفات وتوطيءُ العقبة ومما وراء الطبيعة وعلم الكمية.	Han estudiado la Geometría del espacio y la Trigonometría; ligeras nociones de Geometría descriptiva en la parte que se refiere á rectas y planos; Topografía con el uso práctico de los instrumentos para hacer trabajos de planimetría y nivelación; Física é ideas de Química;
ومعريفة إقامة البناء ومنافعِها في صنع كيفيتها ومطالعةِ صنعة النجارة وتقصيص الحجر. وتحصين العسكر في البادية. وتصوير صيفة الارض بالقلام وبالالوان وكذالك بمداد السند بالمطلّة مصلحة البناء. ومطالعة ترتيب المناولة في شأن معريفة الجماعة والجزء من العسكر.	conocimiento de los materiales de construccion y de su empleo en las obras; nociones de carpintería y de corte de piedras; fortificacion de campaña; dibujo topografico á pluma y con colores, y lavado á la tinta de China, y con colores, de arquitectura; estudio teórico y práctico de los reglamentos de maniobras, en la parte de instruccion de compañia y batallon.
وفي وقتنا هذا مشغلين بمطالعة علم الطبجية وصنعة العسكر ويحضرون بموضع قراءة السنة الرابعة مع جملة القارِئين مثل ذلك.	Hoy están estudiando Artillería y arte militar, asistiendo á las clases de 4º año, con todos los alumnos de él.
وانهم يستحفظوا على شأن مواسم دينهم فلا يحضرون لقراءة ذلك اليوم. وحضرة الشريفة قرَّرَ لكل واحِدِ اربعون ريالاً في كل شهرٍ ليستعينوا بها وبخلافِ الكسوة والكتب الخ.	Guardan puntualmente todas sus solemnidades religiosas, y no asisten á clase en esos dias. Tienen asignados por el Emperador cuarenta duros mensuales, cada uno, para la comida y otros gastos; y, á parte, se les paga la ropa, libros, A. A.

وممَّا خرج معهم من طنجة قد روحوا الذين كانوا ببرِّ إطاليا هاولاء علَّموهم لسان الانجليز فقط وأمَّا الذين كانوا بإطاليا قد ادبوهم اكثر من الانجليز لكن بعيدٌ على الذين باسبانيا كُتب بوادالاخرة يوم 28 شتنبر سنة 1883.	De todos los compañeros que salieron con ellos de Tánger, han regresado ya los que fueron á Italia é Inglaterra. A estos últimos les enseñaron los ingleses tan solo el idioma. Los de Italia recibieron educacion mas estensa; pero menos completa que la que están recibiendo los de España.
اخبار مختلفة دولة اسبانيا طلبت من دولة فرانسيا ان تجازي بالوفاء حالاً على ما عيروا مقام السلطان في جوازه عند بلادهم.	El Gobierno español ha solicitado del de Francia cumplidas é inmediatas satisfacciones.
مجلس مشاورية دولة مِصرَ قد ثبت على ما سيذكر. احد عشر من اهل البلد داخلهم شخسين من الأَرمَنِيين وشريف باشا رئيس الجماعة واربعة من الفرانسيس وثلاثة من الانجليز واثنان من النمسة وواحد من اهل اطاليا.	El Consejo de Estado de Egipto ha quedado constituido del siguiente modo: once indígenas, incluyendo á dos armenios y á Sherif Baja como presidente; cuatro franceses, M M. Gay Lussac, Pietro, Rousseay y Borelli; tres ingleses, el sucesor de sir A. Colvin (Mr. Vincent) y M. M. Lemesurier y Rowsell; dos austriacos, M M. Blum y Keller, y un italiano Sr. Ara.
ولما يجتمعوا مشاورين الفرانسيس والنمسة والاطاليا يحصلُ منهم سبعة من اهل الكلمة وليس لهم قدرة على اربعة عشر من الانجليز واحد عشر من اهل مِصرُ وثلاثة من ولات الانجليز.	Uniéndose los consejeros franceses, austriacos é italianos, constituyen una minoría de siete votos, que nada puede hacer contra los catorce votos con que cuentan los ingleses, los once de los egipcios y los tres representantes británicos.

127

زمام اصعار الحبوب وزرعات الموجودة بإيالة إشبيلْيا يوم 4 من التاريخ اصعار من الى	Hé aquí el precio de los granos y semillas en la provincia de Sevilla el día cuatro del actual.
قمح شاحت الزريعي 46.42	Trigos fuertes del país y estremeños................. de 42 á 46
أيضاً بيوض صافي 45.43	Blanquillo candeal .... de 43 á 45
أيضاً ابيض 40.36	Id blancos .... de 43 á 45
أيضا حميمر 40.36	Id tremés .... de 36 á 40
أيضا مكرگب 44.42	Id piche .... de 42 á 44
شعير 21.19	Cebada del pais .... de 19 á 21
أيضا شرقي 20.19	Id de levante .... de 19 á 20
فول رقيق 37.36	Habas menudas .... de 36 á 37
أيضاً اصله من ثغر الجديدة..36.35	Id mazaganas .... de 35 á 36
أيضا من بلد تَرَّقُونَا 40.38	Id tarragonas .... de 38 á 40
زوان 50.46	Alpiste .... de 46 á 50

128

حمص خشين 140.90	Garbanzos gordos .... de 90 á 140
أيْضاً متساوي 90.70	Id de menudos á medianos
كُرفالة 40.38	.... de 70 á 90
تَرْمُسْ 38.30	Alverjones .... de 38 á 40
تركية 38.37	Altramuces .... de 24 á 30
أزكُون اسـود 19.18	Maiz......................... de 37 á 38
أيْضاً ابيض 18.17	Avena negra................. de 18 á 19
خالص كَسْتِيلْيَة من الفايق 20.19	Id rubia...................... de 17 á 18
أيضا ثاني 19.18	Harina de Castilla de 1ª......... 19 á 20
	Idem de 2ª........................ 18 á 19

وباسواق ايالة مالقة في التاريخ المذكور كانت الاصعار	En Málaga corrían los siguientes:
من الى	
قمح راس عمل 50.48	Trigos de 1ª de...............de 48 á 50
أيْضاً ثاني...................... 47.46	Id de 2ª..........................de 46 á 47
شـعير بلدي 20	Cebada del pais...................... 20
تركية بلدية...................... 49.47	Maiz del pais............... de 47 á 49
أيضاً موسوق................... 42.40	Id naveado.................. de 40 á 42
فول ترڤونا...................... 35.34	Habas tarragonas........... de 34 á 35
أيضاً اصله من ثغر الجديدة 33.32	Id mazaganas................. de 32 á 33
أيضا رقيق.................... 34.33	Id menudas................. de 33 á 34
كُرسنة 36.34	Yeros......................... de 34 á 36
زوان.............................. 50	Alpiste........................... 50

Garbanzos de 1ª............ de 130 á 140	حمص راس عمل 140.130
Id de 2ª ....de 110 á 120	أيْضاً ثاني 120.110
Id de 3ª ....de 80 á 90	أيْضاً ثالث 90.80
Harina de 1ª .... de 19 á 20	خالص راس عمل 20.19
Id de 2ª .... de 00 16	أيْضاً ثاني 16
Arroz de 1ª .... de 00 23	روز راس عمل 23
Id de 2ª .... de 00 22	أيْضاً 22
Pimiento molido .... de 34 á 44	فلفل مرحي 44.34
	ملح 4.3
Habichuelas cortas á 16	لوبية قصيرة 16
Vino .... de 28 á 31	خمر احمر 31.28
Aceite ....de 1ª de 34 á 35	زيت راس عمل 35.34

ABLA COMPARATIVA Nº 33

Árabe	Español
ولا غالب إلا الله هي طَنِينُ سِبْتَة مُلْحِقٌ مَقْصُودٌ بِالْمَغْرِبْ	**¡Solo Dios es Vencedor!** Suplemento al "Eco de Ceuta". Edicion especial para Marruecos.
مقر ملازم الصحيفة ومصريفها بزنقة رِيَاكُو بالرسم الثاني منها بسبتة	*En periódico* (Información ya suministrada en la cabecera del periódico en español, no es el suplemento árabe). REDACCION Y ADMINISTRACION Calle de Riego – núm.º 2 – Ceuta. Este periódico se publicará los días 1, 8, 15 y 22 de cada mes.
تُبْرِز مَجَّاناً أيُّ بلا شيءٍ كُل يوم أوّل وثامن وخامس عشر و22 من كل شهر	*En periódico* CONDICIONES DE LA SUSCRICION. En Ceuta… un mes… 0,75 de pesetas. En la Península… un trimestre adelantado… 3,00 – pesetas.
السنة الاولى	Lunes 15 de Octubre de 1883. Traduccion correspond.ᵗᵉ al núm.º 33.

131

يوم الاثنين الخامس عشر في كتوبر سنة 1883 العدد الثالث والثلاثون	**En periódico** Año 1. Lunes 15 de Octubre de 1883. Núm. 33.

الْعُبُودِيَّةَ

وإنَّمَا الْعُبُودِيَّة جعلوها اهل الزمان القديم الذين ما كان لهم علم ولا حنانة وقلوبهم مُنزِعين من محبةِ امثالهم ولا شريعة ولا حق لهم إلّا القهر والقوة وحَيْث ما كانت بيدهم قدرة بجعل الامور العظيمة التي يستغرب منها الانسان إلى عصرنا هذا مثل الاصوار والحصون وغيرها من عجائبِ الدنيا التي لا يمكن اعمالُها الا باحتياجِ الحاجة او غراض اعلان الاكابِرّة والطغاء فيمكن حينئذ يوفق الولات تجارة امثالنا التي تحرم بها الحرية المنغومة لنا من الخلاق العظيم ثم يعصى الانسان خالقه سبحانَه ويجعل اخيه بمثل البائشة الرذيلة

La Esclavitud

Sólo entre los pueblos de la antigüedad faltos al par que de ilustracion de sentimientos de caridad, desnudos de principios humanitarios, sin más ley que la violencia ni otro derecho que el de la fuerza, y careciendo de medios suficientes para llevar á cabo la realizacion de aquellas obras colosales, que la necesidad ó la fantasía son capaces de hacer surgir de la energía del arte, pudiera esplicarse en cierto modo la existencia del abominable comercio de la esclavitud, que negando á sus semejantes la hermosa libertad que el Creador le concediera y anulando su voluntad, le viene á colocar en la más desdichada condicion de miserable bestia.

لَاكن في عصرنا هذا لا يوافق ظَنُّ الانسان على عدم حريته مثل ما كان في سابق الزمان واما اليوم لا بد ان الانسان يَعُمُّ بحرية نفسه ان ما شاء من غير منعٍ ولا قَهْرٍ فمَن عكّسَ في شأن حرية اخيه فقد عاصى احكام الابدي الذي جعل لِكل احدٍ من مخلوقاته قلبٌ شفيقٌ ليحق به على امثاله ويوقره.

Pero en las modernas sociedades en que el progreso de las ideas, ha conseguido hacer reconocer á todos la libertad humana, como indiscutible enunciacion divina de sus derechos; que no debe, que no puede ningún hombre contrarrestar sin colocarse en abierta contradiccion con las leyes del Eterno en que los principios admirables de caridad hacen ver en cada criatura un semejante digno de nuestra consideracion y acreedor á nuestro respeto;

والانسان من غاية تقصيره في جميع الاشياءِ لا عاد يُحَيِّرُ على تمام الامور الكبيرة الصعبة فهو يفعل بعون اللهِ اعظم ما يظنه بقلة اعانة الانسانُ لان قد سَهَلَتْ عليه الامرُ ألة البابور (ا) والأَلَكْتُرِيثِدَا (ب) والصخانة والهوى الذين منهم القوة الغير محدودة المتنفعين منهم لإعانة بجميع الالات الجهدية العظيمة بالرخص على قوة الانسان مُماثِلكم الذي لا زلتم تملكوه وتعذبوه

en los pueblos cultos en que gracias á las ventajas de la civilzacion actual, no podrá nacer proyecto grande por imponente que sea y por imposible que, á primera vista su ejecucion parezca que no puede realizarse casi sin la intervencion del brazo humano, utilizando la potencia del vapor, de la electricidad, del calor, del aire, verdaderos e inagotables manantiales de fuerza, que hemos conseguido dominar, obligándolos á poner en movimiento máquinas capaces de ejecutar, con inmensa economía, las más colosales obras, y de llevar á cabo con sus ingeniosos mecanismos los más asombrosos artificios; no concibe la razon y no se esplica que la horrible esclavitud y el bárbaro comercio de seres humanos aún subsista.

واما فات الزمان الذي كنتم تعرضوا علينا بعذرِ المنافعة من العبودية لقلة القوة الصنعة ومن اجل جهد الالاث.

Pasaron, pues, aquellos desgraciados tiempos en que esa costumbre pudiera encontrar disculpa en la utilidad, en la ignorancia ó en el atraso de primitivas sociedades,

فَلِلَّهِ الحمد لا نحتاج الان قوة الانسان عوض الالة وان حنانة الانسان عامة في القلوب حتى صاروا باسرهم اخوانا ولذلك يلزم لكل واحد يتصرّف جهده الى ان يثبت تحرير المخلوق على ما اراد اللهُ سبحانه.

pasó por fortuna para no volver la necesidad de convertir la fuerza humana en inconsciente máquina; imperan ya por suerte en todos los corazones los más sanos fundamentos de moral universal que hacen de todos los hombres una familia de hermanos, y menester es que esa gran obra de redencion se complete: poniendo cada uno siquier sea su pequeño esfuerzo para la pronta y completa abolicion de una costumbre que la justicia del Omnipotente rechaza; y que por lo tanto mancha con el lodo de imperdonable delito, al que la practica.

(ا) البابور معناه البخار وقوة البخار من تحت حصره بداخل ألّةٍ مصنوعةٍ لغراض المشي او غيره.

(ب) الأَلَكْتْرِبِثِيدَا هي عنصر روحاني لطيف هوائي نوراني سِرّاي يوجد في جميع الاجسام.	
اخبار مختلفة ذُكِرَ من جبَل طارِق ان صبح يوم الاثنين الماضى قد تكسر مركب بشط الشرق بازاء أرض المحرومة من تجار البرطغيز ورد من وهران موسوق بالحلفةِ. ولمّا شحت المركبُ للبر رائيسه ساد عليه باب القمرة والبحرية غطسوا للبحرِ وخرجوا بفتح اذراعِهم حتى لحقوا للبر ومات رائيس الزِمانِ فقط. واما الرائيس فلم يوقع له شيئاً لاكن المركب صار فسحقاً.	Dicen de Gibraltar que el lúnes de madrugada embistió en la playa de Levante, frente al campo neutral, el bergantin portugués <u>Union</u> procedente de Oran, con cargo de esparto para Jaro. Cuando el buque embarrancó, el capitan se encerró en su camarote y la tripulacion se arrojó al mar, pudiendo ganar la tierra todos menos el piloto, que pereció. El capitan no sufrió lesion alguna. El bergantin se destrozó por completo.
وشهدوا حرَّائين بقرب مدينة من مدون إسبانيا المسمية بالمدينة السلطنية انهم تأملوا في دودِ ابيض داخل في راس الجراد حتى ياكل لها مُخُّ دماغها. فينبغي معريفة هذه الدوائد من جانب فائدتها باكل نقمةٍ اخرى منها.	Aseguran los labradores que están arando en un cerro próximo á Ciudad Real que han observado un gusanillo blanco que penetra en los canutos de la langosta y se coma toda la cresa. Creemos que el hecho merece estudio y confirmacion; pues será inmenso el beneficio que reporte un insecto destructor de otro temible.
إنَّ بمُلك إطالية لا زالوا بسرعةِ صناعةِ المراكب. فيَذكروا ان ذلك بقصد تحفيظها من جانب تحريب مع دولة فرانسيا او دولة الانجليز.	Los armamentos marítimos de Italia continúan con febril actividad. Diríase que temen en época próxima una guerra con Francia ó Inglaterra.

وفي اقرب مُدَّة سَيُصنعوا مراكَب من افخر المجلدين من الهندُ وايضاً عازمين على نشاء مركب عساس من الاكابر وينقلوا به المراكب الذين يعومون تحت الماءِ وايضاً اربعة مما اصغر ثم يطلبوا لقمرة الدولة مالٌ قدرما يكفي لنشاء خمسة مراكب اخرى ورئيس نواظر أمور عسكر إطاليا ذهب لبلد سپَاتْسِيْا بقصد تعريد حصونِها.	Dentro de poco van á construirse dos grandes acorazados de primera clase; un crucero porta-torpedos de gran tamaño, cuatro pequeños, y se pedirán á las Cámaras fondos para construir cinco busques más. El general Cosenz, jefe del Estado mayor del ejercito italiano, ha ido á inspeccionar las fortificaciones de Spezia.
وحَيْثُ انقطع السلك الذي يخبرون به من قاهرة مملكة البرطقيز بجوفِ بَرّ أماركَة فتكون حينئذٍ المخاطبة ومرسلة. مكاتب دوال رِيُوبِلِكَة پْلَاطَا وبْرَازِيلْ على طريق بر الايالات المجموعة المركانية ومَاخِكُو وپَانَمَا وپَارُو وتشيلة لان اصلاح السلك المذكور يطول قدر عشرة شهور. وزيادة عن ذلك العكس لا يخص من غَلاء الاجارة لوصول الجوابات.	Por haberse roto el cable de Lisboa á la América del Sur, en cuya compostura se tardaron diez meses, los despachos del Plata y del Brasil pasarán por la vía de los Estados-Unidos, Méjico, Panamá, Perú y Chile. Con este nuevo trayecto, las tarifas sufrirán el aumento consiguiente.
ومعنى الرِّيُوبْلِكَةُ الامر المعد للعمَّة وهذا اللفض يسمى به الجنس الذي حكمه ليس من تحت قهرة مالك.	
وَمِنَ التعريد الحاصل في الحصون المشتغلة ببنائها دولة إسبانيا باجبال حدودها مع فرانسيا المسمية بالبيبان ظهر ان بالمخانق المسمية أراكُونْ بعلوى كَنْفْرَنْكُ يتمموا عن قريب برجيْن.	De la visita de inspeccion que acaba de girarse á los trabajos de fortificacion que se hacen en el Pirineo, resulta que estan próximas á terminarse dos torres construidas en las gargantas de Aragon por encima de Canfranc.

135

وايضاً بذيل جبل كُلْيَرادَة سَيُتمُ ساس حصن الذي سيكون من احسن حصوننا بالمحددة المذكورة. والظنُّ أنَّ ان بعد تمام الحصون المسمية بكُولْ والسُّرَّاقْ لا عاد من يقدر على الدخول من الحدادة على تلك الناحيةِ ولمّا زال الان يخدمون بالحدود المذكورة جماعتين من المهندسين وكثير من اهل البلدان القريبة.	Tambien se estan terminando, en las estribaciones del monte Collarada, el emplazamiento de un fuerte, que, por su posicion y armamento, será una de nuestras mejores defensas fronterizas de España. Se cree que, en cuanto se concluyan las obras del fuerte de Coll de Ladrones, la frontera quedará por aquella parte al abrigo de cualquier agresion. En la actualidad, ocúpanse en dichos trabajos dos compañias de ingenieros y algunos paisanos.
أَلْمَانْيَا	Alemania.
أَيُّ مسافة الارض والبلدان التي تحت حكم سلطان البروس.	
ذُكِرَ أَنَّ الدولة المذكورة مرادها بالرسال لبلد كُورَيا احد وزرائها مفوض له الامر ليوافق شروط تجارة حيث يسكن عندهم اهل أَلْمَانْيَا ويتافرون اياهم.	Dícese que el Gobierno aleman tiene la intencion de enviar un ministro plenipotenciario á Corea con la mision de negociar un tratado que permitiera á los alemanes establecerse en aquel pais.
وإنَّ غازي مختار باشا فريق عساكر الترك وقاسم باي كاتب حضرة السلطان العثماني قدموا لقاهرة برلين بقصد اعرَاضهم على زوجة مقام سلطان المانيا نيشان ديامنظ المسمى بشفقات ونجلهما السلطانين المذكورين قد لبسوه نيشان اخر من الصنف الاعلا من العثمانية المرقوم ايضاً بالديامنظ.	Ghazi-Mouktar-pachá, general turco, y Kiazimbey, secretario del sultan, han llegado á Berlín, donde han presentado á la emperatriz la órden del Nicham-Chefkat en diamantes, y al príncipe Guillermo la gran cruz de la órden del Osmane, tambien en diamantes.

سِنْدٌ فعلى ما أُخبِرَ بالمكاتب الواردة من بلد سَايكُونْ قد وقع بها فرح شديد من اجل وفاء شروط المُهادنة بين مُتولين فرانسيا وأنام.	China. Segun cartas de Saigon, la llegada del <u>Chateau-Renaud</u> con los preliminares del tratado de paz firmado en Hué entre Francia y Annam ha sido saludada por toda la poblacion con entusiasmo exrtraordinario.
واساسات الشروط المذكورة أَوَّلُهُمْ. وَفْقِ حماية الفرانسيس على بلدان أنام وتنكين. وإضافة ايالة بَيَّهُ طُوَانْ لِكُنْشِينْشِينَا وهذه تحت حكم الفرانسيس من مُنْذ سنين ووفق ايضاً على عمارة حدادة وينْدُوكُويَا وحصونها.	Las bases del tratado con las siguientes: Reconocimiento pleno y entero del protectorado frances sobre Annam y Tonkin. = Anexion definitiva de la provincia de Biuh-Thuan á Cochinchina; ocupacion militar permanente de la línea Vuing-Kuia y los fuertes de Thuan-An.
وصُدور الامر برواح الجنود الموجها من بلدان هُوَ وتُنْكِينْ بقصد الحرب. وإذْنُ العمال برجوعهم لموضعهم وتصحيح ولايةِ المتوليين بامر ولات الفرانسيس. وفي كافة ايالات تُنْكِينْ يُقِرُّ رَئِيس متولي على جماعة من العسكر الكافية المهدنة.	Vuelta inmediata á la capital de las tropas annamitas enviadas desde Hué á Tonkin, á cuyas guarniciones volverán en pie de paz. = Dar órden á los mandarines de volver á sus puestos, y confirmacion de los nombramientos hechos por las autoridades francesas. =En todas las cabezas de partido de las provincias del Tonkin residirá un jefe que tendrá á su disposicion fuerza suficientes para mantener el orden.
وكافة مراسي المملكة يتصرف فيها الفرانسيس ويجعل خيط السلك بين صَايكُونْ وهَنَوِي. والنائب القاطن بمدينة هُوَ لهُ بمقابلة المالك.	Las aduanas de todo el reino serán administradas por Francia; se establecerá una línea telegráfica entre Saigon y Hanoi. = El residente en Hué obtendrá audiencias personales del Rey.

ويَجعل مراكز العسكر على طول حاشية الواد الاحمر ويُحَصِّن الاماكن التي سيظهر فيهم المنفعة.	
وسكة بلد كُتْشِنْشِينَا تمشي في ساير نواحي المملكة. ولا زال يوقع الاجتماع ببلد هُوَ ليصدر ترتيب ديار العشار في قبض الملازم والموجبات وغيرهَا.	Las monedas de Cochinchina correrán en todo el reino. = Conferencias ulteriores que se celebrarán en Hué, regularán el régimen comercial de las aduanas, los impuestos y demas detalles.
ذُكِرَ عن طريق السلك من مدينة وَشِّنْطُنْ وهي قهرة دولة الايالات المجموعة المركانية ان كافة چوازط حكم ارضهم ظهروا غيظهم على ما فعلوا السائبين من اهل فرانسيا مع مقام سلطان إسبانيا وقت دخوله ببَارِيز ولاضاحة ذلك 250 من المشهورين في الجوازط المذكورة قد مدحوا قدرته الفخيمة وشكروه.	Noticias del extrangero. Dice un telegrama de Washington, que la prensa de los Estados-Unidos ha dedicado preferente interes á los acontecimientos de Paris = Nada ménos que 250 periódicos ilustrados de aquel pais han publicado en un solo dia el retrato del Rey de España.

'ABLA COMPARATIVA Nº 34

Árabe	Español
ولا غالب إلا الله هى طَنِينُ سِبْتَةَ مُلْحِقٌ مَقْصُودٌ بِالْمَغْرِبْ	**¡Solo Dios es Vencedor!** Suplemento al "Eco de Ceuta". Edicion especial para Marruecos.
مُقِرُّ مُلَازِمِ الصحيفة ومصريفُها بزنقة رياكُو بالرسم الثاني منها بسبتة	*En periódico* (Información ya suministrada en la cabecera del periódico en español, no es el suplemento árabe). REDACCION Y ADMINISTRACION Calle de Riego – núm.º 2 – Ceuta. Este periódico se publicará los días 1, 8, 15 y 22 de cada mes.
تُبْرِزُ مَجَّاناً أيُّ بلا شيءٍ كل يوم أوّل وثامن وخامس عشر و22 من كل شهر	*En periódico* CONDICIONES DE LA SUSCRICION. En Ceuta… un mes… 0,75 de pesetas. En la Península… un trimestre adelantado… 3,00 – pesetas.
السنة الاولى	Lunes 22 de Octubre de 1883. Traduccion correspond.ᵗᵉ al núm.º 34.

يوم الاثنين الثاني والعشرون في كتوبر سنة 1883 العدد الرابع والثلاثون	***En periódico*** Año 1. Lunes 22 de Octubre de 1883. Núm. 43.
العُبُودِيَّةَ وَلَا تَظُنُّواْ أَنَّ اطِّلَعِكم على مضرات العُبودية لجميع الخلايق ينتج منه مصلحة الامْر المقصود. ولا تعتقدواْ أنَّ معرفتكم بظُلْم تجارة امثالنا واستقراركم بقلة الحِلْم والحنانة تكفي لسداد هذا المُنْكَرُ.	La Esclavitud. No basta que considerémos un grave mal social y una execrable conducta la esclavitud; no es suficiente con que todos reconozcamos como indiscutiblemente injusto y antihumanitario ese comercio.
وَأمَّا مصالحة ذلك وُقوفنا بما أمْكن من السُّرْعة وبجدِّيَّة المحبة في اخواننا في الله على اجتماع قوتنا وغاية غراضنا حتى يردّواْ لكافة المماليك حريتهم العزيزة من غير إمهال ولا تراخى.	Es indispensable que con rápida espontaneidad y en aras del sentimiento que nos causen, y del amor de que nos son acreedores esos semejantes, que aún sufren aquel horrible yugo, aunemos nuestros esfuerzos para devolverles prontamente la preciada libertad de que carecen.
وأنَّ الله خلق الانسان مُحَرَّرٌ من بيعه وإشتراءه ولا يتمثل بأقل المسائل وإلّا بالبهيمة البكمة وحيث هذا مراد الله لا يقدر احداً يمنع غيره مِمَّا خيره الخلاق.	Que no es el destino del ser humano el de ser vendido, cual inmunda mercancía ó cual inconsciente acémila, por sus semejantes; ni puede ningún hombre oponerse egoísta á los derechos que á los demas, como á todos por igual, ha concedido el Creador:

	en tanto que el mútuo respeto y recíproco cumplimiento de deberes, no den lugar a que los tribunales de justicia en algun caso, priven por más ó ménos tiempo de su libertad á un delincuente. Insistimos, pues, en pro de los principios <u>anti-esclavistas</u> que venimos sustentando, seguros de que no han de ser estériles tan justificados esfuerzos entre nuestros vecinos y amigos y los habitantes del Mogreb.
ولا زلنا بالتاكيد على ما شرحناه بعكس العبدية لاننا مُطَّالعين على وقار الاسلام في الاحكام والعوائد التابع للملكية ومن جانب لكافة جراننا المحبين وكذلك من كمال اهل المغرب فكل ذلك لنا الرجاء به بُطول هذا المُنْكَرُ من غير تعب ولا غاية مضرة مالكين العبيد.	Conocemos suficientemente sus costumbres; sabemos los sagrados y especiales deberes que aquellas les imponen á favor de los desgraciados esclavos, y estas leyes y costumbres que todo buen musulman sabe cumplir, nos hacen comprender que en ningun pais es acaso mas fácil de realizar la absoluta libertad de aquéllos infelices, pues dados esos deberes que la legislacion, y la sana práctica á sus habitantes imponen, con un pequeño paso que voluntariamente den estos, el ideal se habrá cumplido.
وظننا هذا من اجل ان اصحاب المماليك غير مخصوصين المال والعقل ونَحْنُ من محبتنا في جنس المغرب ياجب لنا بالدبارة والنصيحة على وجه الخير وعافية الله.	Y todo esto sin violencia y sin grave perjuicio para los intereses del propietario. Hemos apelado únicamente á la voluntad de los poseedores; porque tratándose de un pais amigo como el Magreb,

141

no estamos conformes con extrañas pretensiones é ingerencias, y consideramos más digno y decoroso para los súbditos de una nacion, la espontánea resolucion de sus propios asuntos; que no el que diplomáticas sujestiones de otros países á ello le obliguen ante consideraciones que ofrecerle puedan la conveniencia de no romper con externas relaciones de importancia.

Y hay que estar prevenidos sobre lo que apuntamos, puesto que hoy el derecho de gentes universalmente acatado y admitido puede siempre disculpar, como buena, la más enérgica actitud de cualquier nacion con respeto á otra, si aquella va escudada con el civilizador y laudable propósito, de amparar con manto protector á un considerable número de semejantes que aparecen sumidos en desgraciada esclavitud.

فَعَتْقِكِم المساكين وتبطيل تجارة امثالكم باحسن رضاكم اولى من مشاركة الامر متوليين الدُّوَل والغصب ومواجعة الخواطر ونَحنُ استقظناكم قبل ما تحدث وسيطة الاجناس لان في وقتنا اليوم القويُّ يّاقف على الضعيف اذا كثرت الشكيات مثل ما واقع في كافة الجوازط هذه مدة بورود مكتيب من ذوات الحلم القاطنين بخلاف الاماكن من قبال المقهورين بالعُبُودِيَّة هى

El nuevo Ministerio español ha quedado constituido en la siguiente forma:

Presidencia, Sr. Posada Herrera.

حَوَادِث الوَقت

وَأَنَّ مَجْمَع وزراء تاج إسبانيا وهم المضمنين بامور الدولة قد تجددوا يوم خمسة عشر التاريخ بموافقة الحضرة الفخيمة فصار مقدمهم السيد يُصَادًا أرّارا.

Estado, Sr. Ruiz Gómez.

Gobernación, Sr. Moret.

Gracia y Justicia, Sr. Linares Rivas.

Guerra, Sr. López Dominguez.

Hacienda, Sr. Gallostra.

Fomento, Sr. Marques de Sardoal.

Ultramar, Sr. Suarez Inclan.

Marina, Sr. Valcárcel.

ووزير الامُور البرانية السيد رُويِسْ كُومَسْ. ووزير الأمور الداخلية السيد مُورَاتْ ووزير الشرع السيد لِنَارَسْ رِيبَسْ. وَوزير الحرب السيد لُوبَسْ دُومِينْدُغَسْ. وَوزير بيت المال السيد گَلْيُوسْتْرَا. وَوزير منافع البلاد السيد مَرْگَاسْ دَسَارْدُوَال وَوزير ما تحكم إسْبانيا في اقصى البحور السيد سُوَارَسْ إنْكَلَانْ. وَوزير البحر السيد بَلْكَرْسَلْ هى

وَبقتضى ما امرت به الدولة عن طريق خيط السلك قد خرجت من مرسى قادس الفُرگاطة المخزنية المسمية كُنْسَبْسِيُونْ قاصدة الجزور الخَلِدَاتْ. وبسبب ذلك تشْيِّعَة البابور دَاسِيَا بقصد الاعانة في مَدِّ الخيط السلك من مدينة سَانْطَا كُرُوثْ دَتَنَرِيفَا إلى جزيرة إسْبانيا هى	Cumpliendo órdenes telegráficas ha salido de Cádiz con rumbo a las islas Canarias la fragata de guerra "Concepcion". Dicho buque acompañará al vapor "Dacia" en la faena de tender el cable desde Santa Cruz de Tenerife á la península española.
وَقد ورد لمرسى سَانْ سَبَسْتْيَانْ الكائنة بشمال جزيرة إسْبانيا شقف بابور من أَعْظَمَاءِ المراكب الذين يقودون بهم السفائن الحادث إستنباطهم المسمين بتُرْبَادُو. وهم المنحرقين بهم غيرهم.	Ha fondeado en San Sebastián el porta-torpedo núm 1.
وهو مُنشي بمرسى بُرَامَنْ بذمّة دولة اسبانيا والمَركبُ المذكورُ مَصنوعٌ مِن حديد وطولهُ ثلاثون مِتْرُو وعُرضهُ ثلاثة مِتْرَوَاتْ وقلاعهُ وغير عمارتهُ عمارة يَيْلَبُوطْ وبِداخلهُ مدفع من الذين يدورون على كل جِهَة من من استنباط السيد هُسْكِنْ المشهور ومَشْيُه من 14 إلى 16 مَيْلاً عن كل ساعة هى	construido en Bremen por cuenta del gobierno español. Ese nuevo buque de guerra, que es de hierro, mide 30 metros de largo por tres de ancho, tiene aparejo de pailebot y lleva á bordo un cañon revólver Hosckin. Su andar varia entre 14 y 16 millas.
ومِنْ اخبار اصحابنا اعلمنا أنَّ بقصر إشبيليَا عزمين على تجديد عمارة البيوت وكسوتها بقصد القيام هناك في الشطوة الداخلة حضرة والدة مقام السلطان دون ألْفُنْسُو الثاني عشر.	Dice un colega de Sevilla: "En el real alcázar se estan renovando el decorado y parte del mobiliario de las habitaciones que ha de ocupar el invierno próximo S. M. D.ª Isabel 2.ª"

143

وأنَّ بعض تجار إسْبانيَا من المعمَّرين مراكب البزرگان غراضهم بخدمة السفر بسواحل البحر الاحمر وبسبب ذلك عزموا على جعل دارا بسويس عامرة بوكيل مفوض الامر ومن تحته نواب بمدن جدة وصوافِم ومسّاوة وحديدات ثمَّ دولة اسبانيا كلّفت قنصلها الموجه لجدة بتفويض امرها بقصد ما ذكرناه وجماعة التجار المذكورين اعلاه كلّفوه ايضاً برياسة امور تجارتِهم.	Varios armadores españoles se proponen establecer un nuevo servicio de cabotaje en el mar Rojo. Al efecto van á abrir en Suez una agencia de negocios que tendrá sucursales en Jedda, en Soukim, en Massawa y en Hadeidad. El Sr. Albargues de Sosta, nombrado últimamente cónsul de España en Jedda, ha recibido del Gobierno español plenos poderes especiales relacionados con dicho proyecto y al mismo tiempo ha sido designado por la compañía para el cargo de director de la empresa.
ذُكر من جبل طاريق ان على اثر رجوع رئيس الجند سَارَ أدْوَرْدْ وُدْ لأرْض مِصْرَ يرجعوا لبر الانجليز ثلاثة من الجنود القائمين هناك حال التاريخ وأنَّ باقي العسكر ما يثبت رجوعه الا في شهر نومبر الاتي.	"El Pall Mall Gazette" dice que tan pronto como regrese el general Sir E. Wood á Egipto, tres regimientos marcharán á Inglaterra. El retiro del resto de las fuerzas británicas se decidirá en Noviembre.
وعلى ما اخبر من وهران عسكر الفرنسيس عزم بفراغ تونس فسابق في هذه الايام باربعة الاف نفر ولا زالوا يوجدوا غيرهم. وبالظاهر قبل منتصف نومبر القادم يجمعون على خمسة الاف مفترقة على عسة اماكن مختلفة ويذهبون ايضا هى	La repatriacion de las tropas francesas de Túnez, vá á continuar. Durante la semana última han sido repatriados 4000 hombres. Parece tambien, que 5500 hombres que prestan guarnicion en varios puntos de aquella Regencia serán repatriados antes del 15 de Noviembre próximo.
ومن اخبارنا الواردة من قاهرة ألمَانْيَا المسمية برْلِينْ أعْلمُنا ان اعْظم اكابير بحرية الدولة المذكورة قد رتب أُمُوره حيث أنَّ اذا واجب تحريك مراكب المخزن ذلك يكون على قدر ما يُطاق من الفور.	Por noticias recibidas de Berlin se sabe que el Jefe del Almirantazgo aleman ha tomado sus disposiciones para mover con la rapidez mayor posible, en caso preciso, la flota militar.

وزيادة عن ذلك ذكر أنَّ الوزير المذكور من حسن ترتيبه الامور لا يوجد في جميع مراكب الدول جمع يماثل المراكب المذكورة في خفة التحريك هى	Y añádase que, merced á las medidas adoptadas, ninguna otra marina podrá igualar á las escuadras del imperio en la celeridad de sus operaciones.
قد خرجوا من مرسى قادس الفراكُط الاسبانيولية المسمية النَّصَر والنُّومَانُسْيَا وكرمَنْ قاصدين مَاعُونْ بجزيرة مِينُورْكَة فعند وصولهم على حد مرسى قرطجنّة ياجب عليهم الدخول بمرستها.	Han salido de Cádiz, para Mahon, las fragatas <u>Victoria</u>, <u>Numancia</u> y <u>Cármen</u> que harán escala en Cartagena.
وَفُركَاطَة دولة إسبانيا المسمية نَابَسْ دَطُلُوسَا هِيَ المعينة لركوب نائب المقام المويَّد بالله سلطان دون أَلْفُنْسُو الثاني عشر من الكَلْيَاوْ أي قاهرة بلد لِيمَا الى بَالْ پَرَايسُو ببر الماركان والمركب المذكورة بمنتصف نومبر الاتي ترجع لسواحلنا على طريق أزْنُو هى	La fragata <u>Navas de Tolosa</u> conducira de Callao de Lima á Valparaiso al representante de España, y á mediados de Noviembre emprenderá el viaje de regreso á nuestras costas por el cabo de Hornos.
وَأنَّ بِبَلد من بلدان حكم فرَانْسِيَا القرا بمحدادتها مع إسْبانيَا المسمية بُبُرْكْ مَدَامْ قد وقع موكب عظيم	Se han celebrado en Bourg-Madame, cerca de Puigcerdá, una gran reunion, á la cual asistieron el alcalde de esta villa y de otros pueblos limítrofes franceses.
بقصد فَسخ الغيار الحاصل بين اهل اسبانيا وفرانسيا من اجل قلة الاداب وغاية قباحة عوام الفرانسيس وقت دخول مقام سلطاننا وهو نصره	En dicha reunión se trató exclusivamente de dar una muestra de simpatía de los franceses á los españoles.

145

الله معروض بالذيافة عند كبير دولتهم على لسان نائبهم بمجريط عند الخروج للسفر	
فوقع بين الراعيتين فرح وسرور وجددت بينهم المحبة وعرض بعضهم بعضا بالاكل والشرب وباتت بينهم الهنا والعافية هي	Entre los reunidos reinó la más cordial fraternidad, celebrándose un banquete que terminó con calurosos brindis á la amistad sincera de ambas naciones.
ذكر صاحب چازيطة من جوازط الفرانسيس ان دولته صرفت اربعمِأية ألْفٌ مليون من الفرنك في جزر تونس من غير حصول فائدة.	La Justicia dice que la conquista de Túnez ha costado 400 millones de francos y no ha producido nada.
وَمِنَ الاخبار الانفع واجب علامنا على ان ظهر باسواق أُرُوبَّة قدر عشرون ألف لِبْرة من ذهب مزور بصنعة تامة حتى يحيروا فيها الممارسين وتجريبهم بماء الفرق او القاطع الذي هو العيار الجاري لا ينفع ابداً لان التذهيب غليض ويحتاج القصّان او غيره هي	Hasta hace pocos dias, el oro ingles tenia prima en todos los mercados europeos, pero una simple revelacion de la policía está á pique de hacerle perder su prestigio. La policía ha declarado que existen 20.000 piezas de oro de 20 schelines falsas, y hechas con tal perfeccion, que hasta los mismos inteligentes se ven apurados para distinguirlas de las verdaderas. La prueba del agua fuerte no es aplicable á estos productos perfeccionados del arte, pues gracias á una pila voltaica, estan cubiertas de una capa de oro bastante espesa para desafiar toda clase de reactivos.
مِن اخبار بلد كَالِفُوْرنِيَا بير الماركان استنْفعنا بكشف مقطعة من حجر يغصلون به الحوايج من غير فراق عن الصابون الفايق ويسهال حتى على قطعوه قوالب مثل الصابون الحجري المعروف.	Acaba de ser denunciada en California una mina original, la primera en su clase: una mina de jabon.

ANEXO 2

Cuadrante temático

A continuación se presentan los temas tratados en cada uno de los suplementos disponibles. Entre paréntesis encontrará la información sobre las noticias que no presentan titular en el suplemento.

24 (8 agosto)	26 (22 agosto)	29 (15 septiembre)	31 (1 octubre)
El cólera	La industria, el comercio, la agricultura	(Últimas noticias de Marruecos, insurrecciones)	(La esclavitud)
España	España	España	España
Egipto	Méjico	Turquía	Francia
Francia	Alemania	Francia	(Fin del cólera en Egipto)
China	Francia y el Senegal	Aplicación de las mazorcas de maíz	(Lista de precios, cosecha de cereales)
Italia	Egipto	(Siniestros marítimos por temporal España)	(Llegada del Rey a Bélgica)
	(Cosecha en España)	Aviso (sobre el nivel del árabe)	(*Solo en árabe* – Accidente de un ciudadano)
	(Cruceros de guerra en España)		(Apertura nuevos puertos en Marruecos)
	(Información sobre el propio suplemento)		(Evacuación y repliegue en algunas aldeas)
	(Invitación a publicar anuncios en el *Eco de Ceuta*)		(Creación vía férrea Málaga-Algeciras)

32 (8 octubre)	33 (15 octubre)	34 (22 octubre)
(Tres estudiantes marroquíes de la Academia de Ingenieros Guadalajara)	La Esclavitud	La Esclavitud
(Relaciones España-Francia)	(Colisión de buque portugués)	(Constitución del nuevo Consejo de Ministros en España)
(Consejo de Estado en Egipto)	(Cultivos en Ciudad Real, gusano blanco)	(Conexión por cable península-Sta. Cruz de Tenerife)
(Lista de precios, cosecha de cereales)	(Armamento marítimo en Italia)	(Buque de guerra en San Sebastián)
	(Comunicación por cable Lisboa-América del Sur)	(Renovación del real alcázar para Isabel II).
	(Construcción torres frontera España-Francia)	(Servicio de cabotaje español en el Mar Rojo)
	Alemania	(Fuerzas británicas en Egipto)
	China	(Tropas francesas en Túnez)
	Noticias del *extrangero* (Estados Unidos)	(Movimiento de la flota alemana)
		(Visita represent. de España a Valparaiso)
		(Reunión amistosa España-Francia)
		(Oro inglés)
		(Mina de jabón en California)

ANEXO 3

Topónimos, antropónimos y demás nombres propios

Topónimos

Nº	Árabe	Español
Todos	سِبْتَة	Ceuta
Todos	الْمَغْرِب	Marruecos
Todos	اسبانيا إِسْبَانْيَا إسبانيا	España
24/26/32 29/31/33/34	بزنقة رِيَافُو بزنقة رِيَاكُو	Calle de Riego
24 26/29/31/32	أَوْسْتْرِيَا النمسة	Austria
24 26	قصر الفُرَنْخَة الفُرَنْخَة	Real sitio de San Ildefonso La Granja
24	فُنْطَنِبْلَو	Fontainebleau
24	هَايْ فُنْقْ	Hoy-Phong
24	الْخَبُونْ	Japon
24	إسْكْيَة	Ischia
24	حلق واد القبّ النَّبْلِطَانْ	Golfo de Nápoles

24 26 29/32 29/31 29/32/33 29 31	فرَانْسِيَة فُرَانْسِيَة فرنسية فُرَانْسِيَا فرانسيا فرنسيا وطنِ الفرنسيس	Francia
24/26/32/34 31 26	مِصْرَ المِصْرَ المصر	Egipto
24	المصرة القاهرة	El Cairo
24/29 29/32 33 34	بَرِّ الانجليز الانكليز دولة الانجليز لبر الانجليز	Inglaterra
24/29 33	دولة السند السند سِنْدٌ	el Celeste Imperio China
24/31/33 31 33	تنكين تَنْكِينْ تُنْكِينْ	el Tonkin
24/33 31	بَارِيزْ باريز	París
24 31/33	هَنَّام	Annam

	أنام	
24 32/33 32 33	إِطَالْيَا إطاليا الاطاليا إطالية	Italia
26	بلينسِية	Valencia
26/34	مرسى قادس	Cádiz
26	بِيقُّو	Vigo
26 31 32 33	أَلَمَانْيَا بروسيا بر البروس أَلِمَانْيَا	Alemania
26/33	مَاخِكُو	Méjico
26	جَوْن بَحْر بر المَرِكانْ المسمى بما ذكرناه	Golfo de Méjico
26/31	إفْرِيقِية	Africa
26	طُنْكِيرْ	Tanker
26	أَفْرِيكَنْدَرْ	Africander
26	بَنَارَصْ	Banaras
26	الشِّنْفَالْ شنفال	Senegal
26	واد جَالُونْ	rio Djallon
26	بَمَكُونْ	Bamakon

26	مدينة شنقال	Medina
26	نيل السودان الما(رثة)	El Niger
26	الاسكندرية	Alejandria
29	مملكة مراكشة	El Imperio Imperio de Marruecos
29	قبيلة زَعَيْرْ وتَدْلى	Kábilas de Sahié y Tedla
29/32	فاس	Fez
29/32	طنجة	Tánger
29	سُكان مراكش	(Los habitantes de Marruecos) El pueblo marroquí.
29 31 34	إِرّبَّة أُرّبَّة اسواق أرُوبَّة	Europa mercados europeos
29	مدينة مُنِيشْ مدينةٌ مُنِيسْ	Munich
29	مملكةِ بَبِيَارَا مملكة بَبْيَارَة	Baviera
29	خليج إسْتْرَنْبَرْثْ	Lago Storemberg
29	قصرٍ قريبْ مدينةٌ مُنِيسْ	Real sitio de Nymphemburgo, á corta distancia de Munich
29	بُرُوسْيَا	Prusia
29	قاهرة النمسة	Viena, capital del imperio de Austria

155

29	مدينة الفَرُّولْ	Ferrol
29 34	قَرْطَخَانَة قرطجنّة	Cartagena
29	بَرِّ التُّرْكِ أرض الترك دولة الترك	Turquía
29	قاهرة قسطنطينية	Constantinopla
29	أرض الترك وقَرَدَنِيز قردنيز	Fronteras turco-montenegrinas el Montenegro
29	العثماني	al imperio otomano
29	إيَالَةِ ألارْنَوطْ	Albania
29 33	دولة الايّلات المجموعة المركانية بر الايالات المجموعة المركانية بَرِّ أمارِكَة دولة الايالات المجموعة المركانية	los Estados-Unidos
29	مدينة بَكِينْ	Pekin
31	قاهرة مملكة بَلْجِيكْ	Bruselas
31 34	الجزور الخَالِدات الجزور الخَلِدَاتْ	las Canarias las islas Canarias
31	قاهرة مجريط	Madrid
31	ايالات الاندلسيَّة	Provincias andaluzas
31	من بلد تَرَّكُّونَا	tarragonas

31 32	كَسْتِيلْيَا كَسْتِيلْيَة	Castilla
31 33	أَرَقُّونْ أراكُّونْ	Aragon
31	العَرايش	Larache
31	قاهرة الجزور الخالِدات	Las Palmas (Canarias)
31	سيدي محمد وإفني واربيش والسقة	Sidi-Mohamed, Ifni, Erbich y Assaka
31	مملكة البلجيك	Bélgica
31 33	بلد أُنُوي هَنَوي	Hanoi
31	مدينة سُوطَايْ	Soutay
31 32	مدينة مالقة ايالة مالقة	Ciudad de Málaga Provincia de Málaga
31	مدينة الجزيرات	Algeciras
31/33	جبل طارق	Gibraltar
32	مدرسة مُهندسين دولة إسبانيا المسمية مدرسة وادالاخرة	Academia de Ingenieros militares de Guadalajara
32	رباط الرِّباط	Rabat
32	مدرسة الأَسْكُرْيَالْ	En el Escorial — en el Colegio.

32/34	إشبِيلْيا	Sevilla
33	وهران	Orán
33	المدينة السلطنية	Ciudad Real
33	بلد سپَاتْسِيْا	Spezia
33	قاهرة مملكة البرطقيز	Lisboa
33	جوفِ بَرِّ أمارِكَة	la América del Sur
33	رِپُوبْلِكَة پْلَاطَا	(despachos) del Plata
33	بْرَازِيلْ	Brasil
33	پَانَمَا	Panamá
33	پَارُو	Perú
33	تشيلة	Chile
33	البيبان	Pirineo
33	المخانق المسمية أراكُونْ	Gargantas de Aragón
33	كَنْفْرَنْك	Canfranc
33	جبل كُلَّيَرادَة	Monte Collarada
33	بلد كُوزْيَا	Corea
33 34	قاهرة برلين قاهرة أِلْمَأنْيَا المسمية بَرْلِينْ	Berlín
33	بلد سَايكُونْ صَايْكُونْ	Saigon

33	بَيُّهْ طُوَانْ	Biuh-Thuan
33	كُنْشِينْشِينَا	Cochinchina
33	وِينْكُوكُويَا	Vuing-Kuia
33	هُوَ مدينة هُوَ	Hué
33	مدينة وَشِّنْطُنْ	Washington
34	سَانْطَا كُرُوثْ دَتَنَرِيفَا	Santa Cruz de Tenerife
34	جزيرة إسْبانيا	península española
34	سَانْ سَبَسْتْيَانْ	San Sebastián
34	بْرَامَنْ	Bremen
34	البحر الاحمر	mar Rojo
34	سويس	Suez
34	جدة	Jedda
34	صواقم	Soukim
34	مسّاوة	Massawa
34	حديدات	Hadeidad
34	تونس	Túnez
34	مَاعُونْ بجزيرة مِينُورْكَة	Mahon
34	الكَلْيَاوْ أي قاهرة بلد لِيمَا	Callao de Lima
34	بَالْ پَرَايسُو بير الماركان	Valparaiso

34	أَرْنُو	el cabo de Hornos
34	بُرْكُ مَدَامْ	Bourg-Madame
34	مجريط	-
34	بلد كَالِفُوْرنِيَا بير الماركان	California

ntropónimos

Nº	Árabe	Español
24 26/31 29	دُوْن ألْفُنْسُو الثاني عشر مقامِ السلطان دون ألْفُنْصُو الثاني عشر حضرة السلطان دُوْن ألْفُنْسُو الثاني عشر	Dⁿ. Alfonso XII S. M el rey D. Alfonso XII
24	الرئيس رِنْلَنْدْ	General Rolland
24	رُؤساء البحر	Almirante Courbet
26	التاجر لُودَرِيْتْسْ	Casa Luderitz
26	الماهِر بَيُولْ	Doctor Bayol
26	القبطان فَلْيَانِي	El capitan Gallieni
29 32	حضرة السلطان الحضرة الشريفة	S. M. el Sultan Emperador de Marruecos
29 31	الشريف العلاوي حضرة الشريف المجبل الحسني العَلَى سيدي الحاج عبد السلام الوزاني	El gran Scheriff de Wasam El Respetable Gran Scherif de Wassam
29	مولاي الحسن	Muley Hassan
29	الشريف الحسنى العلَمي سيدي ج عبد السلام الوزاني	El Gran Scheriff Sidy el Hach el Arbí
29	زوجته أُخت مَلِكُنا المؤيَّد بالله	Su esposa doña Paz
29	الكندَ زَدْشْ	El conde Zech

161

29	كاتبُ أميرُ وَينْتَرْهَدْ	El secretario del príncipe Winterhed
29	الفقيه الماهِر شُرُوبِسْدَرْ	El doctor Schroeder
29	خليفة قنصل إسبانيا	El Sr. Kasipal, vicecónsul de España
29	سَعادَةِ ترجمان دولة إسْبانيا بِأزَاءِ حضرة حاكم حُصْنِ سبتة	Intérprete de España, cerca del General Exc(...) Sr Comandante General de Ceuta
31	امين دولة فرانسية	Comisario francés Monsieur Hermand
32	سيدي احمد بن ج عبد الله بن شقرون	Hamed ben Schakrim, es natural de Fez, hijo de Hach Abbas Ben Schakrim
32	سيدي عبد السلام بن التَّهَامي الفاسي	Abd-Eslam el Fasi, natural de Rabat, hijo de Tahame el Fasi
32	سيدي محمد بن ج محمد الشدَّادي	Mohamed Schedadi, natural de Rabat [...], hijo de Hach Mohamed Schedadi
32	شريف باشا	Sherif Baja
32	اربعة من الفرانسيس وثلاثة من الانجليز واثنان من النمسة وواحد من اهل اطاليا	Cuatro franceses, M M. Gay Lussac, Pietro, Rousseay y Borelli; tres ingleses, el sucesor de sir A. Colvan (Mr. Vincent) y M. M. Lemesurier y Roswell; dos austríacos, M M. Blum y Keller, y un italiano Sr. Ara.
33	رئيس نواظر أمور عسكر إطاليا	El general Cosenz, jefe del Estado mayor del ejército italiano
33	غازي مختار باشا	Ghazi-Mouktar-pachá

33	فاسم باي	Kiazimbey
34	السيد پُصَادَا أرَّارا	Sr. Posada Herrera
34	السيد رُوِيس گُومَس	Sr. Ruiz Gómez
34	السيد مُورَاتْ	Sr. Moret
34	السيد لِنَارَسْ رِيبَسْ	Sr. Linares Rivas
34	السيد لُوبَس دُومِينْگَسْ	Sr. López Dominguez
34	السيد گَلْيُوسْتْرا	Sr. Gallostra
34	السيد مَرْكَاسْ دَسَارْدُوَالْ	Sr. Marqués de Sardoal
34	السيد سُوَارَسْ إنْكَلَانْ	Sr. Suárez Inclán
34	السيد بَلْكَرْسَلْ	Sr. Varcárcel
34	السيد هُسْكِنْ	Hosckin
34	حضرة والدة مقام السلطان دون ألْفُنْسُو الثاني عشر	S. M. D.ª Isabel 2.ª
34	سَارْ أدْوَرْدْ وُدْ	Sir E. Wood

163

Otros nombres propios

Nº	Árabe	Español
24	المركب المسمية بأطْلَنْتَا	la <u>Atlante</u>
24	مركب من مراكب الكبار المسمية بِطَوْفِيلْ	crucero de primera clase <u>Tourville</u>
24	مركبان من العظماء المجلدين	el <u>Bayard</u> y la <u>Triomphante</u>
26	ڤازِبطَة كلونية	"Gaceta de Colonia"
29	الفنسو الثاني عشر والسلطانة كُرِيسْتِينَة	los cruceros <u>Alfonso XII</u> y <u>Reina Cristina</u>.
29	كَزِبطَةِ من كوازط الانجليز المسميةِ ألْإِسْتَنْدَرْدْ	Standard
33	مركب (...) من تجار البرطغيز	el bergantín portugués *Unión*
33	كُولْ والسُّرَّاقْ	Coll de Ladrones
33	نيشان ديامنظ المسمى بشفقات	La órden del Nicham-Chefkat en diamantes
33	نيشان اخر من الصنف الاعلا من العثمانية المرقوم ايضاً بالديامنظ	Gran cruz de la órden del Osmane, también en diamantes
34	الفُركاطة المخزنية المسمية كُنْسَبْسِيُونْ	la fragata de guerra "Concepción"
34	البابور دَاسِيَا	el vapor "Dacia"
34	الفراكط الاسبانيولية المسمية النَّصَرْ والنُّومَانْسِيَا وكَرمَنْ	las fragatas <u>Victoria</u>, <u>Numancia</u> y <u>Cármen</u>
34	فُركاطَة دولة إسْبانيا المسمية نَابَسْ دَطُلوسَا	la fragata <u>Navas de Tolosa</u>

164

ANEXO 4

Voces marroquíes

Voces marroquíes utilizadas en *Wa-lā Gālib illā Allāh*.

Nº	Árabe marroquí	Traducción
Todos	زنقة	*calle*
Todos	رسم	*número, casa, local, delimitación, compartimento*
24, 26	غشط	*agosto*
24	ولا	*o*
24	طاصة	*taza*
24	ذ	*de*
24	طاقة	*ventana*
24	قُبّ	*cubo*
24	ملف	*paño*
24	مضارب	*colchones*
24	بيت	*cuarto*
24	بيت الخلا	*baño, escusado*
24	لمايعة	*mancha*
24, 26, 31	صابة	*cosecha*
24	ضرورة	*daño*
26	دُجَنْبِرْ	*diciembre*

26	مكاحل	*fusil*
26, 32	الاسبنيول	*español*
29, 32	شتنبر	*septiembre*
29	بشدور	*embajador*
29	فَرْتُونَةٌ	*borrasca, tempestad*
29, 31, 32	الـتُّركية	*maíz*
29	مستنبط	*inventor*
31, 33, 34	كتوبر	*octubre*
31, 32	خالص	*harina*
33	صعيبة	*difícil*
33	قمرة	*habitación de barco*
34	شطوة	*invierno*
34	الاسبانيولية	*española*

ANEXO 5

Cambios en palabras con radicales enfáticas

Cambios en palabras con radicales enfáticas.

Nº	Palabra	Normalización	Traducción/Comentarios
24 24/26/29	بصيطة بصاصط	بسيطة بساسط	*peseta/pesetas* (Registrado con *sīn* en el *Diccionario* de Lerchundi. Préstamo del español no normalizado).
24	مصاخنة	مساخنة	*calentamiento*
24	المتوصخين	المتسخة	*ensuciado* Se incluye además un error de concordancia.
24	مبخوص	مبخوس/بخس	*barato*
24	حرص	حرس	*guardia*
24	صواحل	سواحل	*costas*
24	يضهر	يظهر	*divisar*
24, 33	اصوار	اسوار	*muros*
26	قصمة	قسمة	*división, parte*
26	سِيَاغٌ	صائغ ج صُياغ	*joyero*
26	بعد	بعض	*algunos*

26	اراض	أراد	*querer, quiso*
29	خصارة	خسارة	*pérdida*
29	تدرقَ	تدرك	*(Tampoco puede pasarnos desapercibido...)*
29	صرعة	سرعة	*rapidez*
29, 33	تعريد	تعريض	*demostración inspección*
29	بشدور	بشضور	*embajador, agente diplomático (recogido así en el Diccionario de Lerchundi).*
29	صار	سار	*pasar*
29	الفاض	الفاظ	*términos, expresiones*
31, 32	اصعار	اسعار	*precios*
31	مراصي	مراسي	*puertos*
32	التصطر	التسطر	*lineal (dibujo lineal)*
32	المستوري	المسطوري	*rectas*
32	شخسين	شخصين	*dos personas*
33	الصخانة	السخانة	*calor*
33	شحت	شحط	*encallar*

33	اللفض	اللفظ	*término, expresión*
34	الذيافة	الضيافة	*hospitalidad*
34	غليض	غليظ	*espeso*
34	يغصلون	يغسلون	*lavan*

KB-1-5